Jennifer Moore-Mallinos
Ilustração: Julia Seal

Aprendendo sobre Personalidade
Somos todos diferentes!

- DISCIPLINADA............4
- ESTÚPIDO................6
- IRREQUIETA..............8
- HONESTO................10
- AUTOCONTROLE...........12
- COMPREENSIVO..........14
- AUTÊNTICA..............16
- EGOÍSTA................18
- ANIMADO................20
- TEIMOSO................22
- CORAJOSO...............24
- FALADOR................26
- SUBMISSO...............28
- AMBICIOSO..............30
- HABILIDOSA.............32
- LÓGICA.................34
- ATENTO.................36
- ORGANIZADO.............38
- LÍDER..................40
- ESPIRITUOSA............42
- COOPERATIVO............44
- BENEVOLENTE............46
- GENEROSA...............48
- CURIOSO................50
- FLEXÍVEL...............52
- METICULOSA.............54
- BRINCALHÃO.............56
- SER GRATO..............58
- SORRATEIRA.............60
- DELICADA...............62
- CRIATIVO...............64
- PERSUASIVO.............66
- INDEPENDENTE...........68
- MANDONA................70
- SOLIDÁRIA..............72
- EFICIENTE..............74
- RÍGIDA.................76
- DEDICADO...............78
- DECIDIDA...............80
- IMPACIENTE.............82
- CONFIÁVEL..............84
- IMAGINATIVA............86
- RESPEITOSO.............88
- ATIVO..................90
- DESAJEITADO............92
- TÍMIDA.................94

Sumário

QUERIDO LEITOR,
O OBJETIVO DESTA OBRA É AJUDÁ-LO A IDENTIFICAR OS SEUS TRAÇOS DE PERSONALIDADE MAIS RELEVANTES, A COMPREENDER O SEU COMPORTAMENTO DIANTE DAS SITUAÇÕES E PERCEBER QUE, EMBORA ELES NOS TORNEM QUEM SOMOS, PODEMOS SEMPRE APRIMORÁ-LOS A PARTIR DE EXEMPLOS POSITIVOS E ORIENTAÇÕES VINDAS DE PESSOAS QUE SÃO REFERÊNCIA EM NOSSO CONVÍVIO DIÁRIO, COMO FAMILIARES E PROFESSORES. AFINAL, SOMOS TODOS DIFERENTES E NÃO HÁ UMA MANEIRA CORRETA E ÚNICA DE SER!

QUERIDOS PAIS E PROFESSORES,
OS ACONTECIMENTOS RETRATADOS EM CADA UMA DAS CARACTERÍSTICAS DE PERSONALIDADE SÃO APENAS EXEMPLOS SIMPLES, OS QUAIS TÊM POR OBJETIVO SERVIR DE INTRODUÇÃO PARA UM DIÁLOGO MAIS APROFUNDADO, UM CONVITE A SE EXPLORAR NOVOS DESDOBRAMENTOS E DIFERENTES CONVERSAS. ASSIM, ESPERA-SE QUE O PEQUENO POSSA ALCANÇAR CLAREZA E ENTENDIMENTO SOBRE CADA SITUAÇÃO.

DISCIPLINADA
ESTAR PRONTA ANTES DA HORA.

SER DISCIPLINADA E PROATIVA SIGNIFICA QUE VOCÊ PLANEJA ANTECIPADAMENTE. JÁ QUE TENHO AULAS DE NATAÇÃO AOS SÁBADOS DE MANHÃ, EU ARRUMO MINHA MOCHILA DE NATAÇÃO COM O MAIÔ, A TOALHA E OS ÓCULOS DE NATAÇÃO NA SEXTA-FEIRA À NOITE, ANTES DE DORMIR. ENTÃO, PARA GARANTIR QUE EU NÃO ESQUEÇA MINHA MOCHILA, EU A COLOCO NA PORTA DE ENTRADA. ASSIM, ESTAREI PRONTA PARA SAIR DE MANHÃ.
ESTAR PREPARADA E ORGANIZADA COM ANTECEDÊNCIA ME AJUDA A GARANTIR QUE EU NÃO ESQUEÇA NADA. ESQUECER MEU MAIÔ SIGNIFICARIA NÃO PODER NADAR, E ISSO NÃO SERIA DIVERTIDO PORQUE EU ADORO NADAR!

ESTÚPIDO

NÃO SABER AGIR COM GENTILEZA.

MEU IRMÃO E EU ADORAMOS BRINCAR DE LUTAR, PORÉM ÀS VEZES MEU IRMÃO É MUITO RUDE E ACABO ME MACHUCANDO. SEI QUE NÃO É QUE ELE QUEIRA VIR COM TUDO PARA CIMA DE MIM, SÓ QUE ELE ESQUECE QUE É MAIS FORTE DO QUE EU.
BRINCADEIRAS MAIS BRUSCAS PODEM SER DIVERTIDAS, MAS TEMOS QUE FICAR ATENTOS PARA NÃO PASSAR DO PONTO PORQUE, SE UM DE NÓS SE MACHUCAR, A DIVERSÃO ACABA.

IRREQUIETA

FICAR AGITADA E INQUIETA.

VOCÊ JÁ FEZ ALGO QUE O DEIXOU MEIO NERVOSO?
UMA DAS COISAS QUE ME FAZ FICAR NERVOSA É QUANDO TENHO QUE FICAR DE PÉ E FALAR DIANTE DA MINHA TURMA. NÃO CONSIGO PARAR DE REMEXER. PARA AJUDAR A ME SENTIR MENOS APREENSIVA E MAIS RELAXADA, MANTENHO MINHAS MÃOS OCUPADAS APERTANDO UMA BOLINHA FOFA ESCONDIDA EM MEU BOLSO. ASSIM QUE PARO DE ME INQUIETAR, ESTOU PRONTA PARA IR EM FRENTE.

HONESTO

MANTER A IMPARCIALIDADE E SEGUIR AS REGRAS.

TODO FINAL DE SEMANA, TEMOS NOITE DE JOGOS EM FAMÍLIA LÁ EM CASA. ÀS VEZES, JOGAMOS UM JOGO DE TABULEIRO, CARTAS, VOLEIBOL OU ATÉ *BADMINTON*. É TÃO DIVERTIDO!

AS ÚNICAS REGRAS DA NOITE DE JOGOS SÃO JOGAR LIMPO E SE DIVERTIR. ISSO QUER DIZER QUE NÃO IMPORTA O QUANTO QUEIRAMOS VENCER, TEMOS QUE REVEZAR, NÃO PODEMOS ESPIAR AS CARTAS DE NINGUÉM E TEMOS QUE SER HONESTOS. NADA DE TRAPACEAR! O QUE VOCÊ FAZ PARA JOGAR LIMPO?

AUTOCONTROLE
ESPERAR COM FORÇA DE VONTADE.

VOCÊ JÁ TEVE QUE ESPERAR PARA CONSEGUIR ALGO QUE QUERIA MUITO? EU TAMBÉM. AINDA OUTRO DIA, MAMÃE FEZ UM BOLO DE CHOCOLATE COM RECHEIO DUPLO PARA O ANIVERSÁRIO DA MINHA IRMÃ. PARECIA TÃO BOM! EU ESTAVA TÃO TENTADA A ENFIAR O DEDO NA COBERTURA... MAS SABIA QUE ARRUINARIA O BOLO. ENTÃO, PARA TIRAR O BOLO DA CABEÇA E RESISTIR AO IMPULSO DE PROVAR, FUI LÁ FORA NO MEU BALANÇO DE PNEU. FIQUEI CONTENTE COMIGO POR TER AUTOCONTROLE.

COMPREENSIVO

SABER COMO OS OUTROS SE SENTEM.

MEU IRMÃOZINHO SEMPRE QUER ENTRAR NO MEU QUARTO E BRINCAR QUANDO ESTOU FAZENDO MINHA TAREFA DE CASA.
EU SEI QUE ELE É SÓ UM GAROTINHO E QUER PASSAR TEMPO COMIGO; ENTÃO, EM VEZ DE FICAR ZANGADO, BOLEI UM PLANO.

AGORA, QUANDO ESTOU SENTADO NA MINHA ESCRIVANINHA, EM VEZ DE BERRAR COM ELE PARA SAIR DO MEU QUARTO, EU DEMONSTRO AMOR FRATERNAL. DOU A ELE UM PEDAÇO DE PAPEL E UM GIZ DE CERA, PARA ELE FICAR QUIETINHO ALI DO LADO, FINGINDO FAZER SUA TAREFA IGUALZINHO A MIM. ISSO EU JÁ SEI PORQUE, QUANDO EU ERA PEQUENO, MEU IRMÃO MAIS VELHO ME MOSTROU A MESMA COMPREENSÃO!

AUTÊNTICA

FAZER COISAS PELA BONDADE DO SEU CORAÇÃO.

MINHA AMIGA KÁTIA É A PESSOA MAIS SINCERA E AUTÊNTICA QUE CONHEÇO. ELA É PRESTATIVA E GENTIL E ESTÁ SEMPRE FAZENDO COISAS PARA OS OUTROS SEM ESPERAR NADA EM TROCA.

CERTA VEZ, KÁTIA PLANTOU UMA CANTEIRO DE HORTALIÇAS E PASSOU O VERÃO INTEIRO REGANDO E TIRANDO AS ERVAS DANINHAS DE LÁ. QUANDO AS HORTALIÇAS ESTAVAM PRONTAS PARA COLHER, ELA ENCHEU UM CESTO E DEIXOU NO DEGRAU DE ENTRADA DE SUA VIZINHA IDOSA. KÁTIA SE IMPORTOU DE VERDADE, OU SEJA, DE FORMA GENUÍNA, COM SUA HORTA PARA GARANTIR QUE SUA VIZINHA TIVESSE ALIMENTOS FRESCOS.

EGOÍSTA

PENSAR EM SI EM VEZ DE NOS OUTROS.

VOCÊ JÁ ESTEVE PERTO DE ALGUÉM QUE SÓ SE PREOCUPA CONSIGO? AINDA OUTRO DIA NA ESCOLA, ESTÁVAMOS PINTANDO UM MURAL PARA A NOSSA TURMA E UMA DAS CRIANÇAS FICAVA PEGANDO E MONOPOLIZANDO TODA A TINTA. ERA UM MENINO QUE NÃO SE IMPORTAVA SE AS OUTRAS CRIANÇAS NÃO TIVESSEM VEZ. ELE FOI TÃO MALVADO!

ANIMADO

SER REPLETO DE VIVACIDADE.

O ESQUILO ESTAVA TÃO EMPOLGADO AO VER QUE PAPAI ABASTECEU O ALIMENTADOR DE PÁSSAROS QUE SUBIA E DESCIA ZUNINDO PELA ÁRVORE, ANSIOSO POR ACHAR UM JEITO DE ALCANÇAR O ALIMENTADOR. QUANDO POR FIM DESCOBRIU, ELE SALTOU NO AR E, COM UMA CHICOTADA DE SUA CAUDA, ATERRISSOU BEM NO MEIO DO ALIMENTADOR. PAPAI NÃO FICOU TÃO ENTUSIASMADO QUANTO O ESQUILO, ELE PRECISAVA ENCONTRAR UMA MANEIRA DE IMPEDIR QUE O ESQUILO COMESSE A COMIDA DOS PÁSSAROS NA PRÓXIMA VEZ.

TEIMOSO

EMPACAR E SE RECUSAR A ARREDAR O PÉ.

MEU NOVO CÃOZINHO TONICO É TÃO TEIMOSO! SEMPRE QUE TENTO LEVÁ-LO PARA DAR UM PASSEIO, ELE SE RECUSA A SE MOVER. ASSIM QUE O COLOCO NA GUIA, ELE LOGO SENTA RAPIDINHO E NÃO ARREDA O PÉ.

NÃO IMPORTA O QUANTO EU TENTE CONVENCÊ-LO A SE LEVANTAR, ELE NÃO SE MEXE. NA VERDADE, ELE ESTÁ TÃO DE CABEÇA FEITA QUE NEM SEU PETISCO FAVORITO O FAZ MUDAR DE IDEIA. TONICO ESTÁ DETERMINADO A SER CARREGADO EM VEZ DE CAMINHAR!

CORAJOSO

NÃO TER MEDO DE FAZER ALGO QUE ASSUSTA VOCÊ.

OUTRO DIA, EU VI UM PASSARINHO FILHOTE SAIR DO NINHO PELA PRIMEIRA VEZ. DAVA PARA PERCEBER QUE ELE ERA AVENTUREIRO PORQUE ELE FICAVA ESPIANDO POR CIMA DA BORDA DO NINHO,

PRONTO PARA CORRER O RISCO. ENQUANTO SUA MÃE GORJEAVA, INCITANDO-O A FAZER UMA TENTATIVA, ELE DE REPENTE SE LEVANTOU TODO ANIMADO E CORAJOSAMENTE SALTOU POR CIMA DA BORDA. ELE AGITOU AS ASAS SEM MEDO ATÉ O CHÃO E POUSOU EM SEGURANÇA.

FALADOR

SER UM TAGARELA!

MEU MELHOR AMIGO, ENZO, É TÃO FALADOR! ELE SEMPRE PARECE TER MUITO A DIZER NÃO IMPORTA ONDE ESTEJAMOS, ATÉ NA ESCOLA. ADORO ESCUTAR AS HISTÓRIAS DE ENZO, MAS ELE PRECISA ENTENDER QUE TEM MOMENTOS QUE PRECISAMOS ESCUTAR E RESPEITAR A VEZ DO OUTRO, SE QUISERMOS APRENDER. TUDO BEM QUERER COMPARTILHAR SEUS PENSAMENTOS E IDEIAS, MAS HÁ MOMENTOS E LUGARES EM QUE É PRECISO SER DISCRETO E FICAR QUIETO.

SUBMISSO

CEDER SEMPRE AOS OUTROS, SER DÓCIL DEMAIS.

HOJE FOI O PRIMEIRO DIA DE CACAU NA ESCOLINHA DE ADESTRAMENTO PARA CÃES. É LÁ QUE ELE VAI APRENDER A COMO SE COMPORTAR BEM COM OUTROS CÃES. QUANDO CHEGAMOS ELE VIU OS OUTROS CACHORROS, E LOGO SE ENCOLHEU NO CHÃO, TODO TÍMIDO E RETRAÍDO. CACAU ERA TÃO MANSO QUE, QUANDO UM DOS OUTROS CÃES CHEGOU PARA BRINCAR E O DERRUBOU, ELE PASSIVAMENTE BAIXOU A CABEÇA E NÃO SE MOVEU. ELE NEM TENTOU SE DEFENDER!

AMBICIOSO

NÃO TER MEDO DE TRABALHO ÁRDUO PARA ALCANÇAR SEUS OBJETIVOS.

VOCÊ TEM SONHOS GRANDES SOBRE O QUE QUER SER QUANDO CRESCER? QUANDO EU CRESCER, ESTOU DETERMINADO A IR PARA A LUA. SÓ O FATO DE PENSAR EM ANDAR DE FOGUETE UM DIA ME MOTIVA A TRABALHAR DURO PARA QUE MEU SONHO VIRE REALIDADE!

EU SEI QUE POSSO SER AMBICIOSO E ALCANÇAR AS ESTRELAS!

HABILIDOSA

DESCOBRIR MANEIRAS INTELIGENTES DE RESOLVER UM PROBLEMA.

VOCÊ JÁ TEVE UM PROBLEMA QUE PRECISOU RESOLVER? SEMANA PASSADA, NOS TESTES PARA O TIME DE FUTEBOL, POUCO ANTES DE O TREINO COMEÇAR, O CADARÇO DA MINHA CHUTEIRA ARREBENTOU. NO INÍCIO, EU SURTEI E NÃO SABIA O QUE FAZER. A ÚNICA COISA QUE EU SABIA COM CERTEZA ERA QUE TERIA DE SER RÁPIDA E CRIATIVA PARA DAR UM JEITO NELE. A PRIMEIRA COISA EM QUE PENSEI FOI USAR UMA FITA. PORÉM, NÃO HAVIA FITA ALGUMA NO CAMPO. ENTÃO, TIVE UMA IDEIA INTELIGENTE: EU AMARREI AS DUAS PONTAS E FUNCIONOU! ÀS VEZES, TEMOS QUE SER HABILIDOSOS QUANDO ESTAMOS TENTANDO RESOLVER PROBLEMAS.

LÓGICA

FAZER SENTIDO!

VOCÊ JÁ TEVE UM PROBLEMA QUE PRECISOU RESOLVER E A ÚNICA MANEIRA DE RESOLVÊ-LO ERA RECUAR E REPENSAR AS COISAS? AINDA OUTRO DIA, QUANDO FUI PEGAR UMA BOLACHA, O POTE ESTAVA VAZIO! EU PRECISAVA SABER QUEM TINHA "ROUBADO" A BOLACHA DO POTE. O PRIMEIRO PASSO ERA DESCOBRIR QUEM ESTAVA EM CASA QUANDO A BOLACHA SUMIU.

DEPOIS, EU PRECISAVA BUSCAR PISTAS. FOI QUANDO PERCEBI QUE MINHA IRMÃ TINHA MIGALHAS DE BOLACHA NO VESTIDO!... USAR LÓGICA E RACIOCÍNIO FOI O QUE ME AJUDOU A RESOLVER O MISTÉRIO!

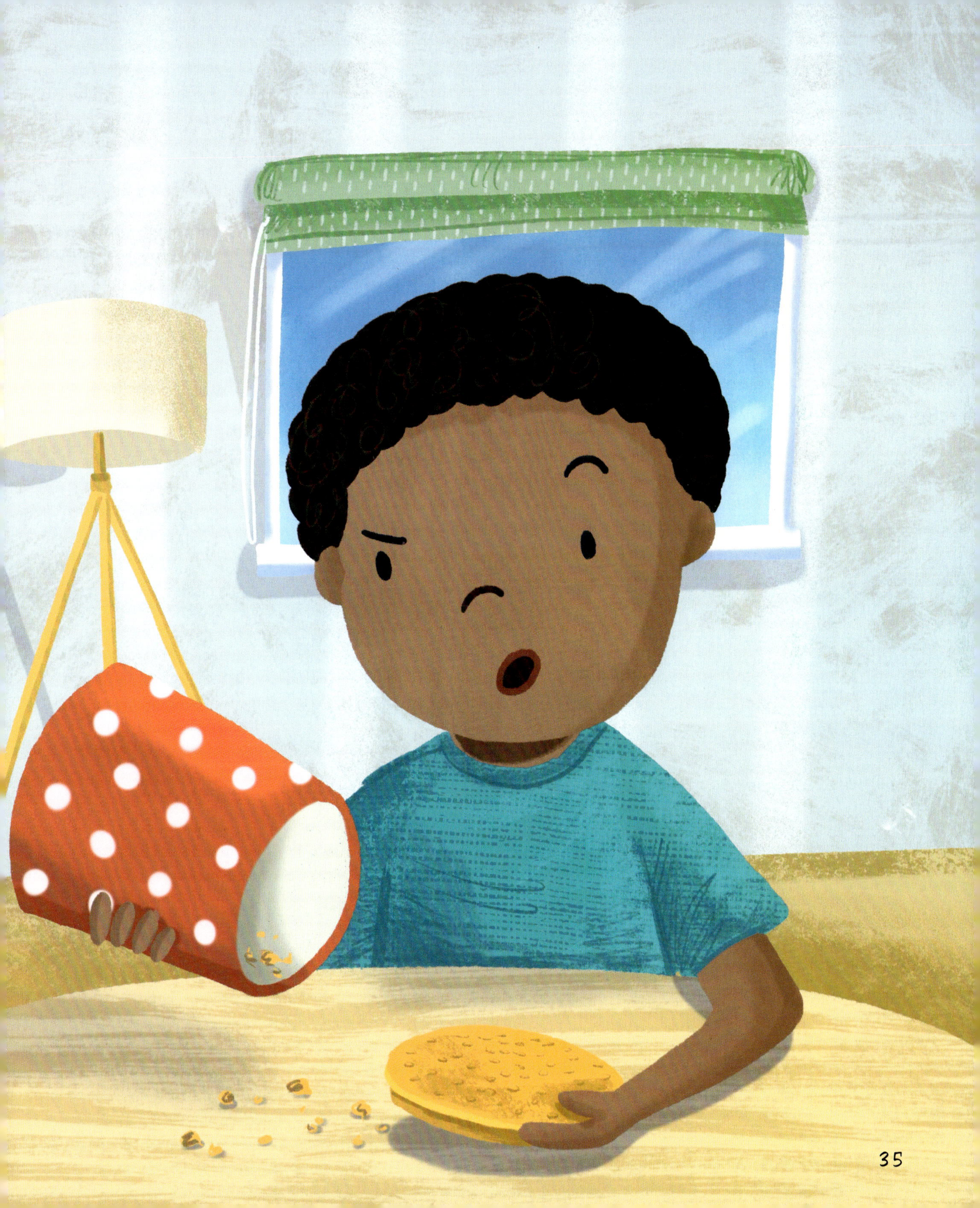

36

ATENTO

MANTER OS OLHOS ABERTOS.

ESTAR ATENTO SIGNIFICA QUE VOCÊ ESTÁ PRESTANDO ATENÇÃO, ASSIM COMO ESTAVA FAZENDO O SALVA-VIDAS NA PISCINA LOCAL QUANDO EU PRECISEI DE AJUDA. FIQUEI CHOCADA NO MOMENTO EM QUE PULEI NA ÁGUA E DESCOBRI QUE ERA O LADO MAIS FUNDO! PARA MINHA SORTE, O SALVA-VIDAS ESTAVA ALERTA OBSERVANDO A PISCINA E, AO PERCEBER QUE EU NÃO SABIA NADAR, VEIO AO MEU RESGATE.

ORGANIZADO

CERTIFICANDO-SE DE QUE TUDO TENHA SEU LUGAR.

DESDE PEQUENININHA, EU GOSTO DE MANTER TODAS AS MINHAS COISAS ORGANIZADAS E NO LUGAR. EU TENHO UM ESQUEMA! ANTES DE DORMIR, COLOCO TODOS OS MEUS BRINQUEDOS DE VOLTA NA PRATELEIRA, NO LUGARZINHO DELES. CERTIFICO-ME DE QUE MEUS SAPATOS ESTEJAM NO LOCAL CERTO E QUE MINHAS ROUPAS SUJAS ESTEJAM NO CESTO DE ROUPAS. TER UM QUARTO ORGANIZADO E LIMPO ME DEIXA FELIZ!

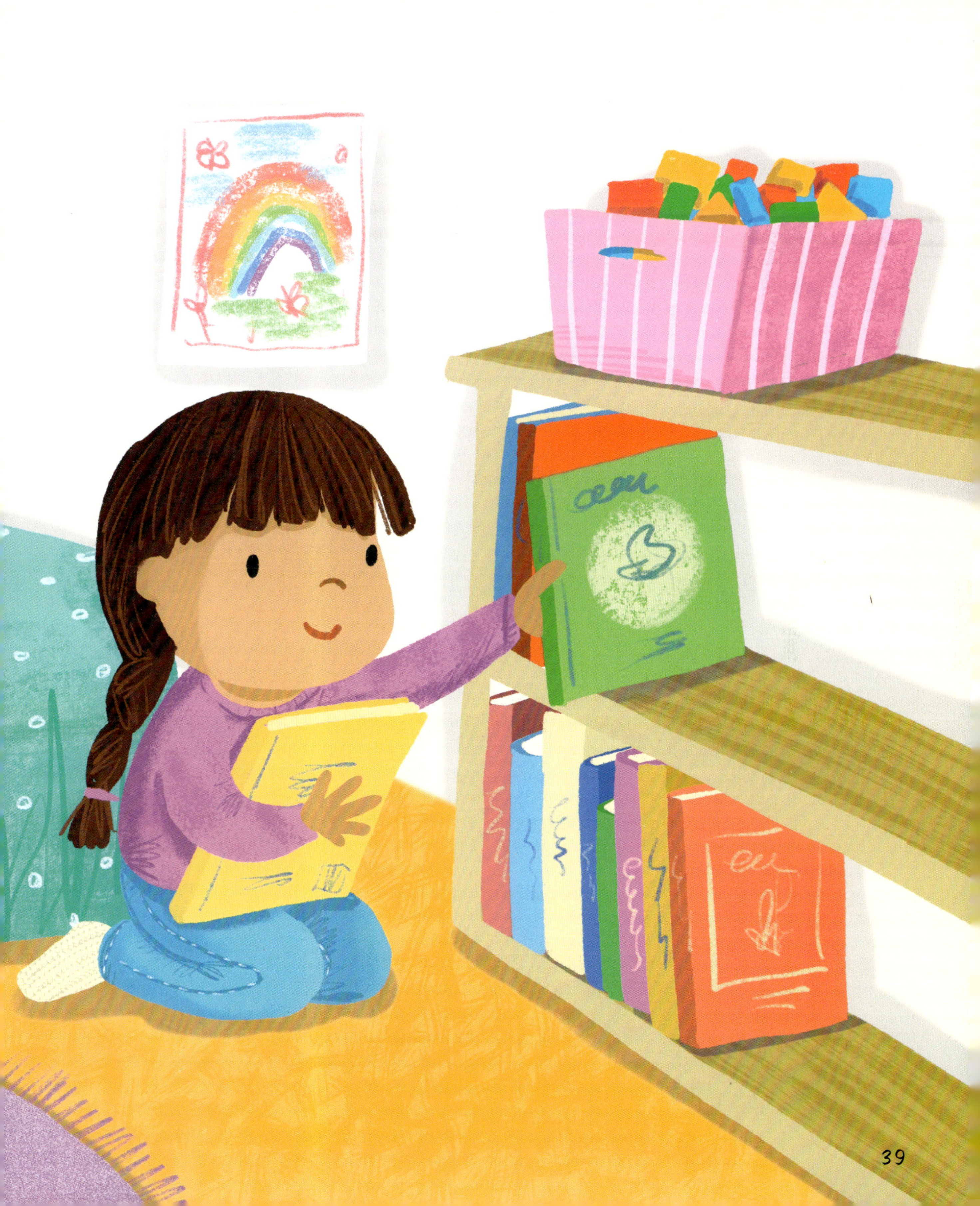

LÍDER

ASSUMIR O COMANDO E DAR UM BOM EXEMPLO.

FIQUEI TÃO EMPOLGADO QUANDO FUI ELEITO PARA SER O CAPITÃO DO NOSSO TIME DE HÓQUEI... ERA UMA TAREFA IMPORTANTE! EU NÃO APENAS PRECISAVA ME ADIANTAR E DAR O EXEMPLO, MAS INSPIRAR O TIME A TRABALHAR JUNTO

PORQUE TODOS QUERÍAMOS A MESMA COISA: VENCER!
MINHA ESTRATÉGIA FOI GARANTIR QUE CADA MEMBRO DO TIME DESSE O MELHOR NO RINQUE DE PATINAÇÃO TODO DIA. SER UM LÍDER É UMA GRANDE RESPONSABILIDADE.

ESPIRITUOSA

SER GRACIOSA, PENSAR COM BOM HUMOR.

VOCÊ SABIA QUE ALGUMAS PESSOAS, COMO EU, TÊM UM TALENTO PARA DIZER COISAS QUE SÃO INTELIGENTES E TAMBÉM DIVERTIDAS?

AINDA OUTRO DIA, QUANDO ESTÁVAMOS TREINANDO PARA O CONCURSO DE SOLETRAÇÃO, EU SÓ ERRAVA, MAS, EM VEZ DE FICAR ZANGADA, TIVE UM PENSAMENTO ENGRAÇADO. "NEM TODO MUNDO É BOM EM SOLETRAR, É POR ISSO QUE INVENTARAM O CORRETOR ORTOGRÁFICO!"

43

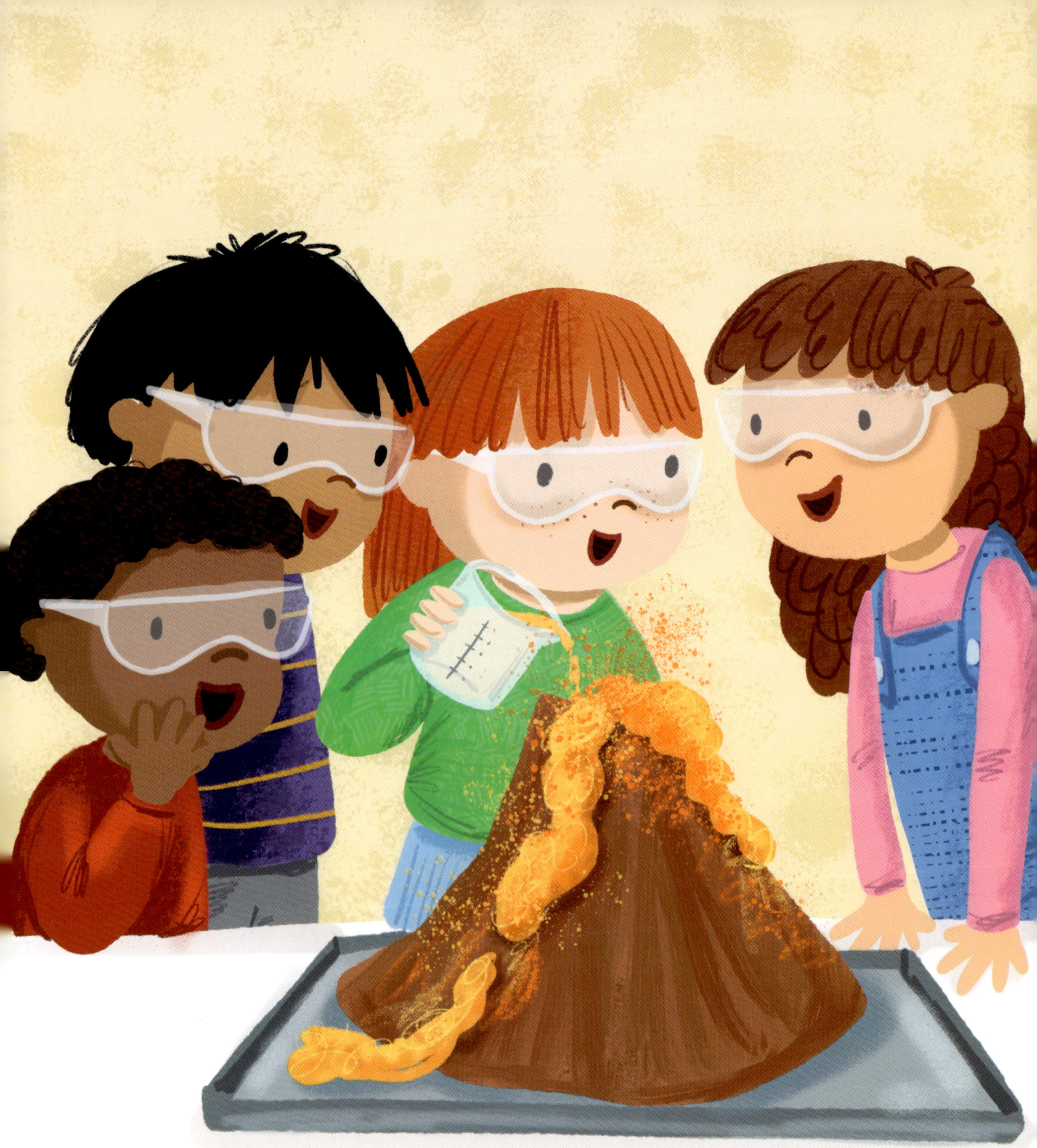

COOPERATIVO

DAR-SE BEM COM OS OUTROS.

VOCÊ JÁ TEVE QUE TRABALHAR EM UM PROJETO EM GRUPO? ESTE ANO, NA ESCOLA, MINHA PROFESSORA DIVIDIU A TURMA EM GRUPOS DE CINCO. NOSSO OBJETIVO ERA CRIAR UM VULCÃO QUE ENTRASSE EM ERUPÇÃO. TRABALHAR EM EQUIPE SIGNIFICA TER QUE SE DAR BEM, ESFORÇAR-SE EM CONJUNTO E ESTAR ABERTO A IDEIAS. E ADIVINHEM? NÃO SÓ CONSEGUIMOS FAZER NOSSO VULCÃO VERTER LAVA, COMO TAMBÉM TIRAMOS NOTA 10!

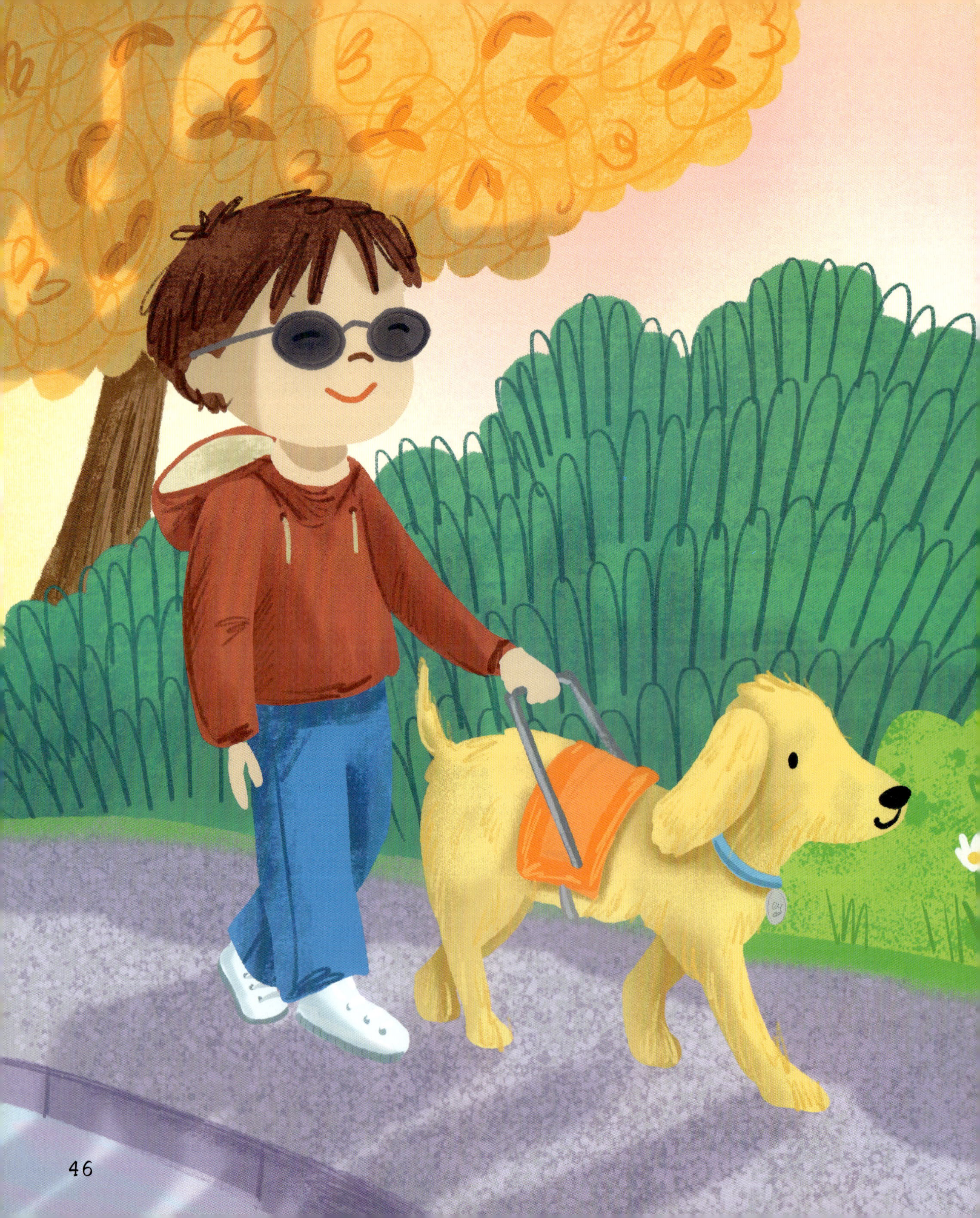

BENEVOLENTE

DAR UMA AJUDINHA AOS OUTROS.

VOCÊ SABIA QUE ANIMAIS PODEM SER ÚTEIS? MEU MELHOR AMIGO, MAX, É O MEU CÃO-GUIA. EU TERIA DIFICULDADES DE SAIR POR AÍ EM SEGURANÇA SEM A AJUDA DELE. MAX ESTÁ SEMPRE AO MEU LADO, PRONTO A ME CONDUZIR PARA QUALQUER LUGAR EM QUE EU PRECISE ESTAR. MAX É TÃO PRESTATIVO QUE TODA MANHÃ TRAZ MINHAS PANTUFAS ANTES DE EU SAIR DA CAMA!

GENEROSA

DOAR-SE E SER SOLÍCITO COM OS OUTROS.

TODO VERÃO, ANTES DO INÍCIO DE CADA ANO LETIVO, MINHA MÃE E EU FAZEMOS UMA VERIFICAÇÃO EM TODAS AS MINHAS ROUPAS, PARA IDENTIFICAR QUAIS JÁ NÃO ME SERVEM MAIS. TODAS AS ROUPAS QUE ESTÃO PEQUENAS VÃO PARA UMA PILHA DE DOAÇÃO PARA CRIANÇAS NECESSITADAS. OS BRINQUEDOS COM OS QUAIS NÃO BRINCO MAIS VÃO PARA A PILHA TAMBÉM.

49

50

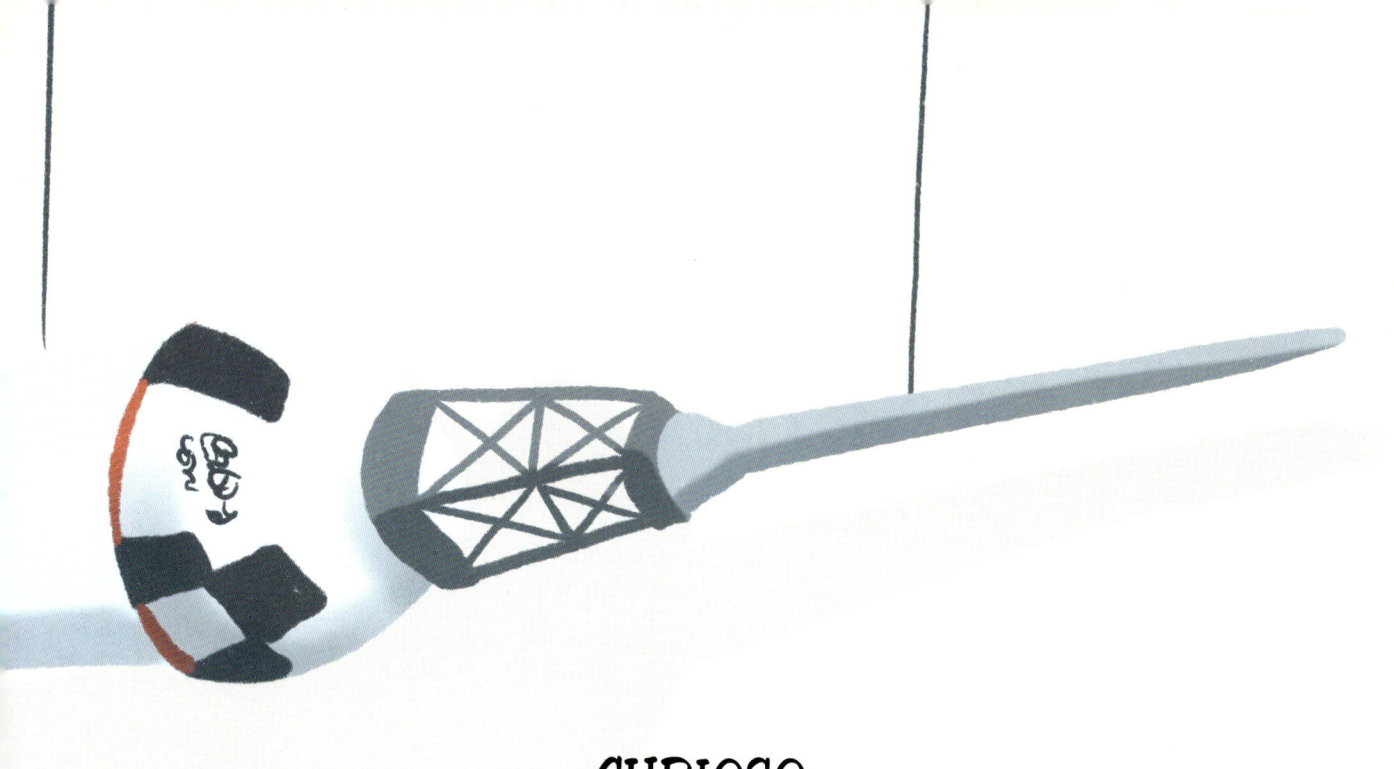

CURIOSO

QUESTIONAR-SE SOBRE O DESCONHECIDO.

VOCÊ JÁ SE PERGUNTOU SOBRE ALGO DE QUE NÃO SOUBESSE NADA A RESPEITO? EU SEMPRE QUIS SABER COMO É NO ESPAÇO SIDERAL. IMAGINE SÓ CAMINHAR NA LUA! UMA DAS MANEIRAS DE SATISFAZER MINHA CURIOSIDADE FOI APRENDER O MÁXIMO POSSÍVEL SOBRE O UNIVERSO. ISSO SIGNIFICA QUE FIZ MUITAS PERGUNTAS E LI MUITOS LIVROS; PORÉM, A MELHOR PARTE FOI QUANDO VISITEI O MUSEU ESPACIAL!

FLEXÍVEL

SER CAPAZ DE SE ADAPTAR ÀS SITUAÇÕES.

ESTE ANO, NA ESCOLA, FIQUEI TÃO FELIZ QUANDO DESCOBRI QUE A PROFESSORA MARIA SERIA A MINHA PROFESSORA... SÓ QUE ELA FICOU CONOSCO SÓ POR ALGUMAS SEMANAS, ANTES DE SAIR PARA TER SEU BEBÊ. FOI QUANDO APRENDI QUE EU TINHA QUE SER FLEXÍVEL E ABERTO A TER UM NOVO PROFESSOR E NOVAS MANEIRAS DE FAZER AS COISAS.
E ADIVINHE SÓ? ESTOU CONTENTE POR TER DADO UMA CHANCE AO PROFESSOR CHICO!

53

54

METICULOSA

FAZER AS COISAS TINTIM POR TINTIM.

PINTAR POR NÚMEROS É MEU PASSATEMPO FAVORITO NO MEU TEMPO LIVRE. SEMPRE QUE COMEÇO UMA PINTURA, NÃO PARO ATÉ QUE ESTEJA PRONTA, NÃO IMPORTA QUANTO TEMPO LEVE. FAÇO SEM PRESSA E SOU CUIDADOSA PARA GARANTIR QUE EU FIQUE DENTRO DAS LINHAS E NÃO MISTURE NENHUMA DAS CORES. PRESTAR ATENÇÃO A TODAS AS PARTES PEQUENAS DA PINTURA É IMPORTANTE QUANDO ESTOU SENDO METICULOSA.

BRINCALHÃO

GOSTAR DE SE DIVERTIR E DIVERTIR OS OUTROS.

MEU CÃOZINHO ESTÁ SEMPRE FAZENDO COISAS QUE NÃO DEVE, COMO PUXAR O PAPEL HIGIÊNICO DO ROLO E ROER BURACOS NAS MINHAS MEIAS. ELE NÃO ESTÁ TENTANDO SER TRAVESSO: ELE É SÓ BRINCALHÃO. ÀS VEZES, ELE ME PROVOCA LEVANDO MEU URSINHO DE PELÚCIA E CORRENDO PELA CASA, ME ATIÇANDO A IR ATRÁS DELE. ACHO QUE É POR ISSO QUE SEU APELIDO É "ARTEIRO".

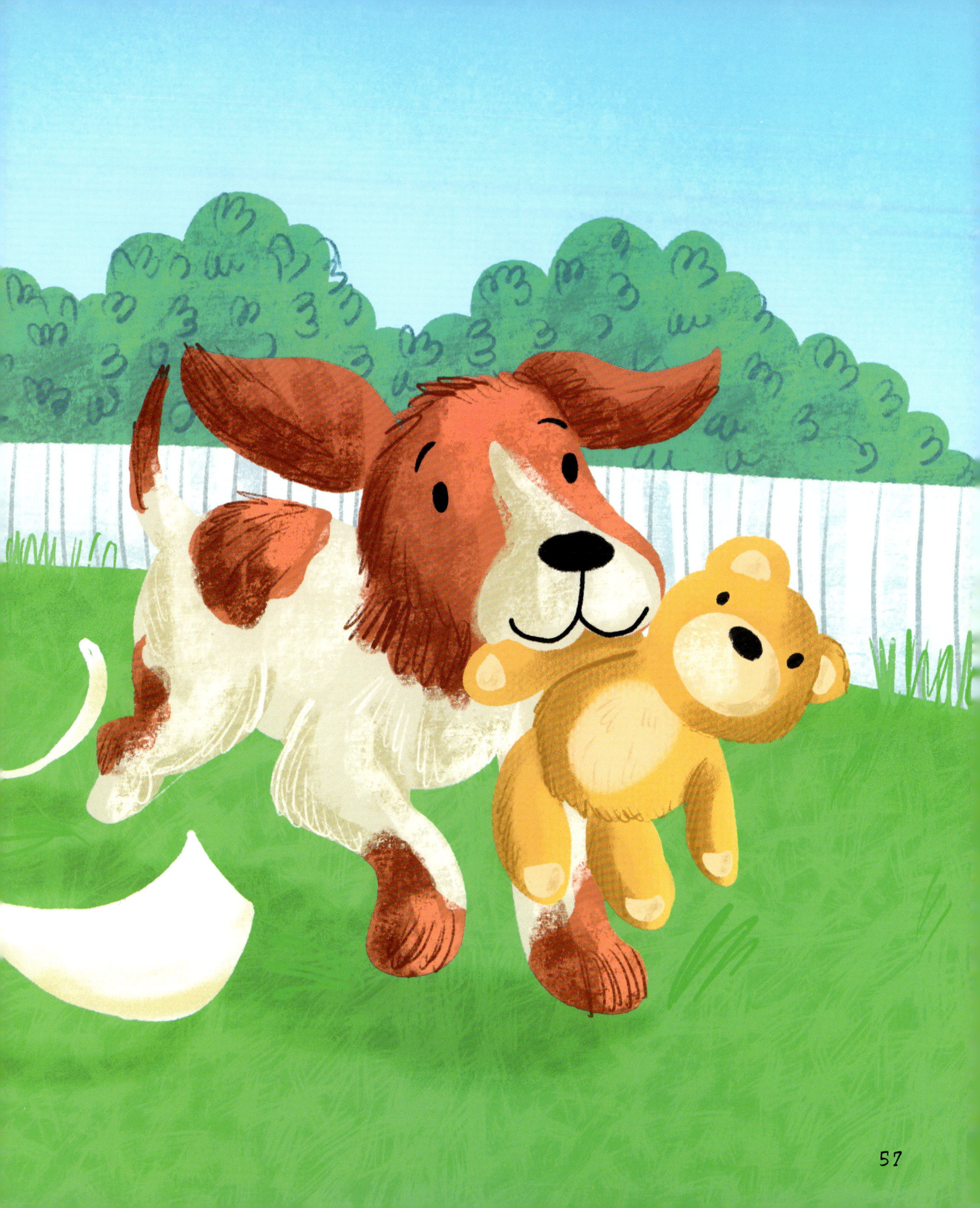

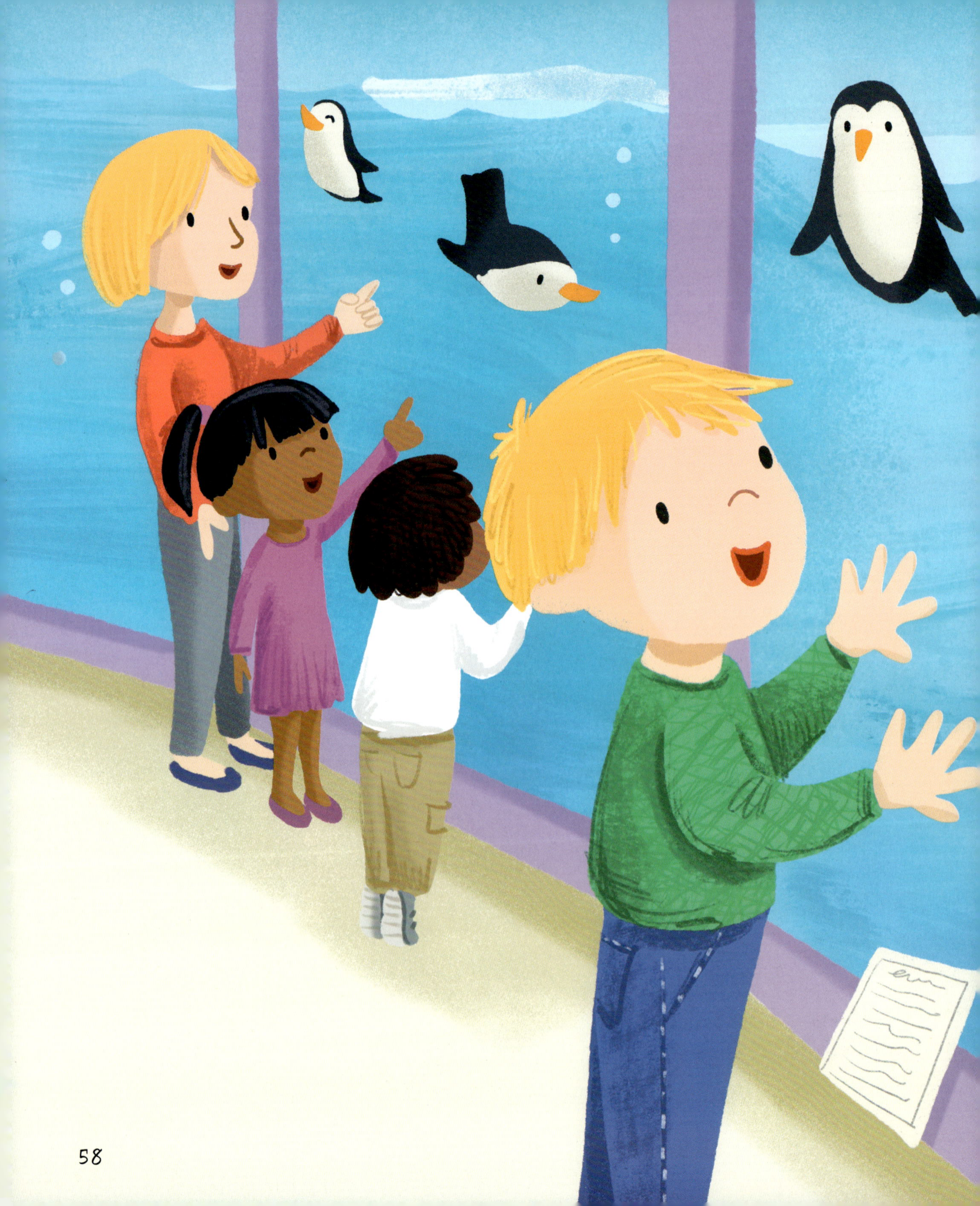

SER GRATO

AGRADECER AOS OUTROS POR TUDO QUE FAZEM.

SEMANA PASSADA, EU FIQUEI MUITO FELIZ QUANDO MINHA MÃE TIROU UM DIA DE FOLGA NO TRABALHO PARA IR COM MINHA TURMA EM UMA VIAGEM DE PASSEIO AO ZOOLÓGICO! AS CRIANÇAS QUE FORAM COLOCADAS EM NOSSO GRUPO ADORARAM COMO MAMÃE DISTRIBUIU DESENHOS PARA COLORIR ENQUANTO CAMINHÁVAMOS PELOS CENÁRIOS. ALGUNS DIAS DEPOIS, PARA MOSTRAR NOSSA GRATIDÃO, TODOS NÓS FIZEMOS CARTÕES DE AGRADECIMENTO. EU REALMENTE CURTI O MEU TEMPO COM MAMÃE!

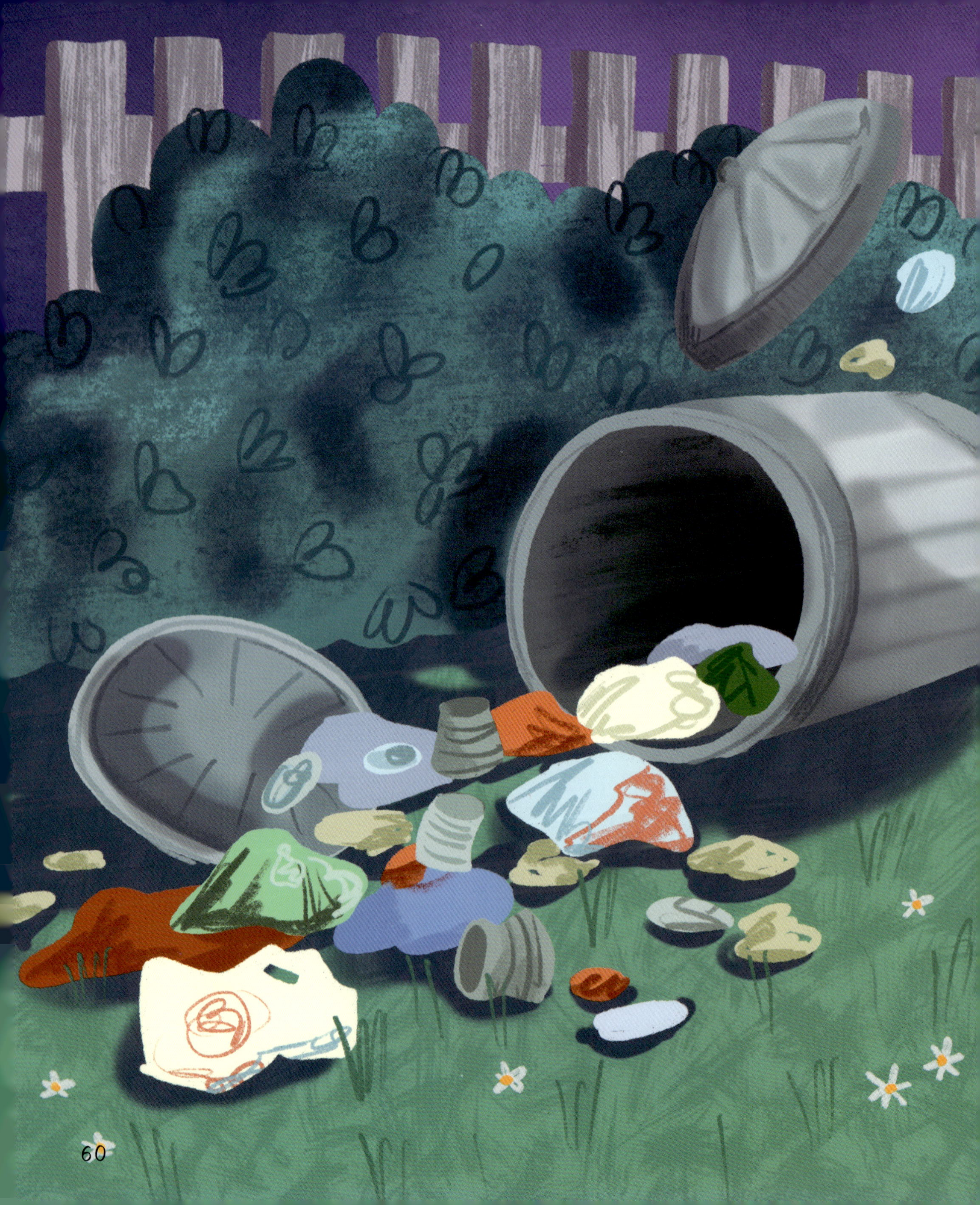

SORRATEIRA
DISFARÇAR PARA FAZER AS COISAS ESCONDIDO.

A RAPOSA RITA É MESMO MUITO ASTUTA! ELA ESTÁ SEMPRE QUIETINHA, SE ESCONDENDO E AGUARDANDO SUA PRÓXIMA OPORTUNIDADE DE ATACAR. NA VERDADE, NOITE PASSADA, APÓS PAPAI COLOCAR O LIXO LÁ FORA, RITA APARECEU DE MANSINHO NA LATA DE LIXO E A DERRUBOU. ENQUANTO RITA ENGOLIA AS SOBRAS DE COMIDA, JÁ ESTAVA PLANEJANDO SUA PRÓXIMA AÇÃO. ESCONDER SEUS VERDADEIROS SENTIMENTOS, SUAS INTENÇÕES É AGIR DE FORMA DISSIMULADA, SER ALGUÉM QUE NÃO SE PODE CONFIAR.

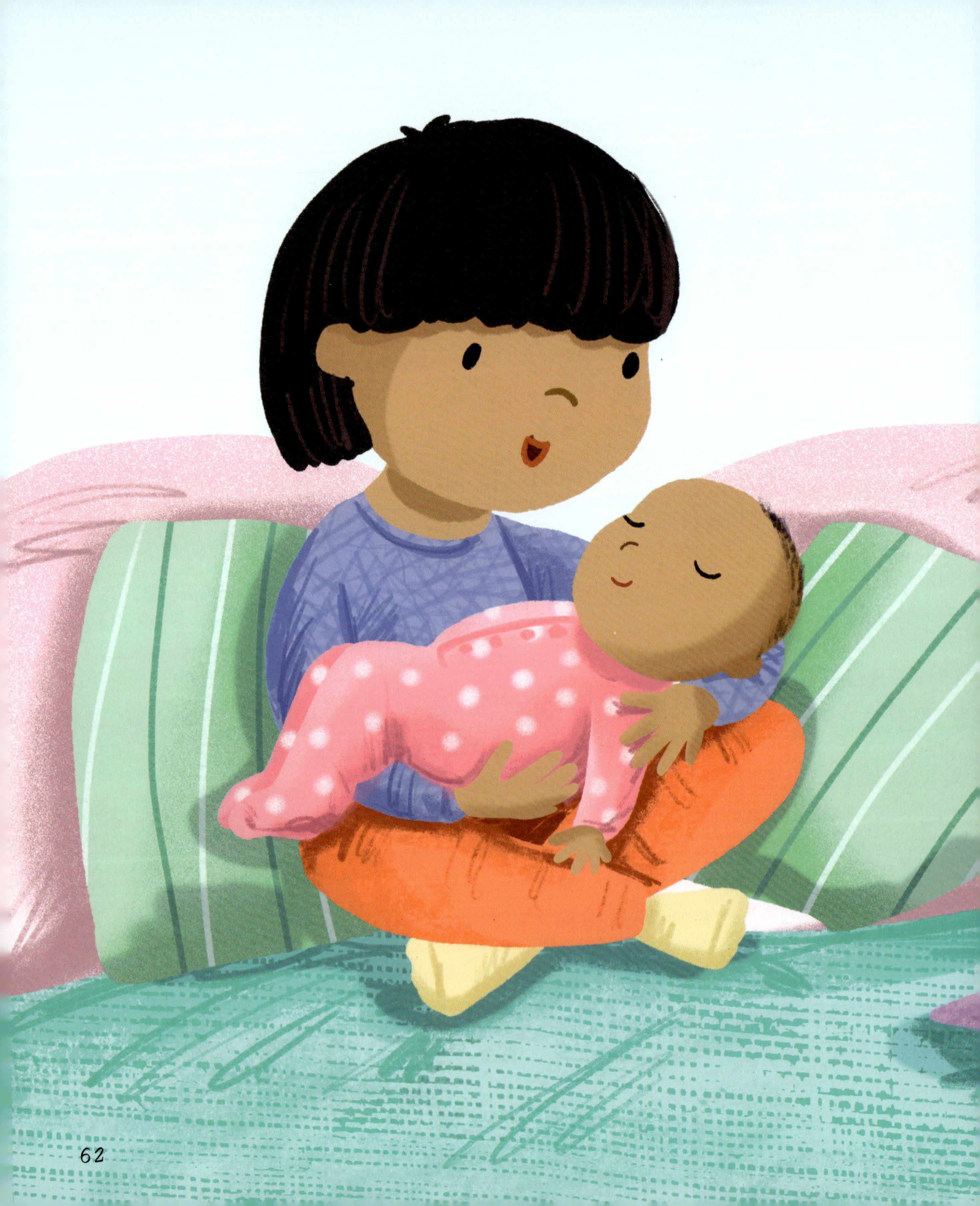

DELICADA

TER MÃOS SUAVES E UM TOQUE TRANQUILIZADOR.

NA PRIMEIRA VEZ QUE SEGUREI MINHA IRMÃZINHA, FUI MUITO CUIDADOSA PARA NÃO A SEGURAR COM FORÇA DEMAIS. ELA ERA TÃO PEQUENINA E DELICADA... QUANDO A SEGUREI, PEGUEI DELICADAMENTE SUA MÃOZINHA E AFAGUEI SUAVEMENTE SUA BOCHECHA. FOI UM MOMENTO TERNO QUE EU NUNCA ESQUECEREI!

CRIATIVO

USAR A IMAGINAÇÃO PARA PENSAR "FORA DA CAIXA".

QUANDO EU CRESCER, QUERO SER UM INVENTOR. QUERO USAR MINHA IMAGINAÇÃO E MINHA CRIATIVIDADE PARA CONSTRUIR UM CARRO VOADOR. EU TENHO UMA VISÃO DAS PESSOAS SE LOCOMOVENDO PELA VIZINHANÇA SEM TER QUE ESPERAR NO TRÂNSITO OU PARAR NAS SINALEIRAS. MEU TALENTO PARA CONCEBER NOVAS IDEIAS PARA O FUTURO É UM DOM!

65

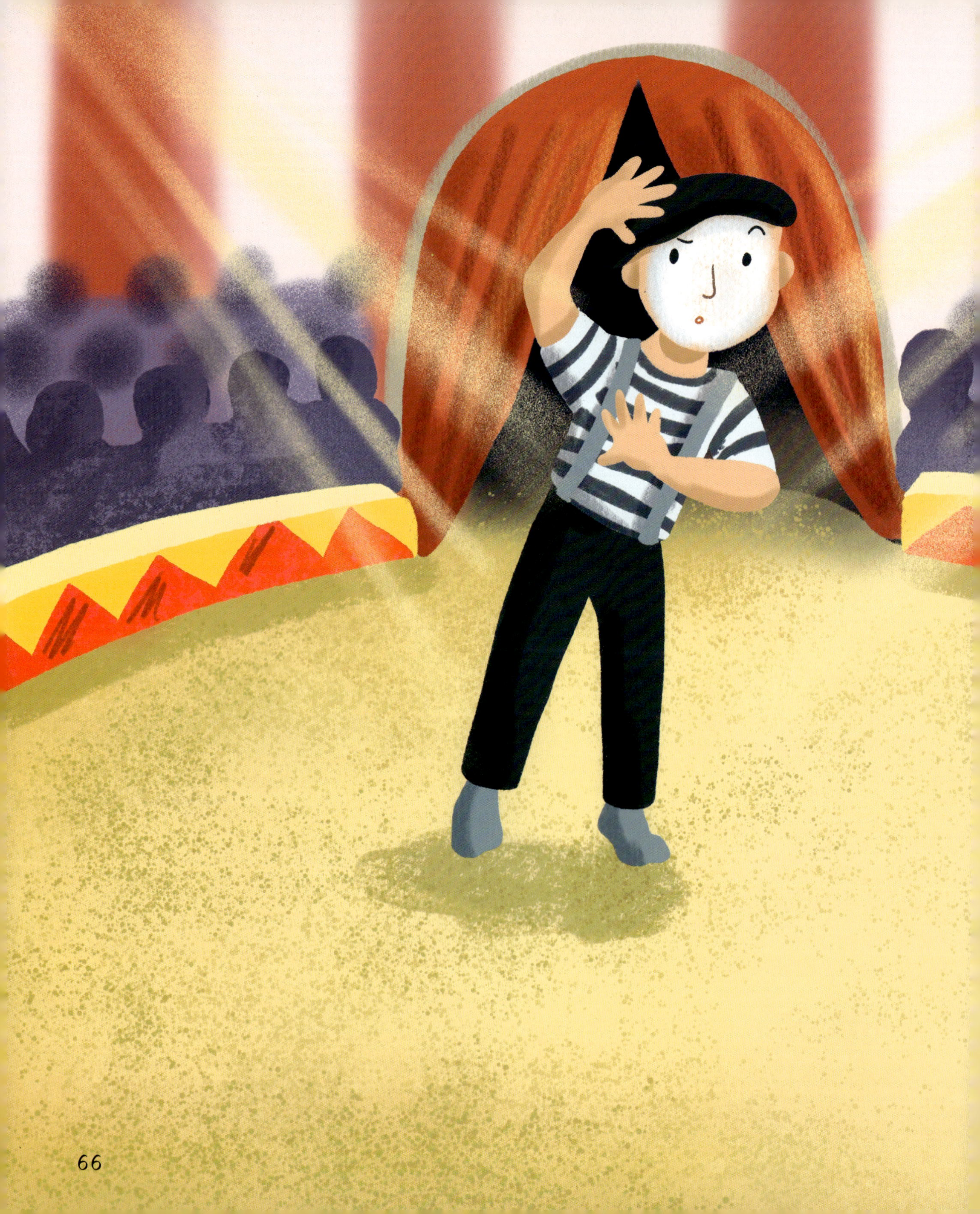

PERSUASIVO

INSPIRAR OS OUTROS A ACREDITAR.

VOCÊ SABIA QUE HÁ ALGUMAS PESSOAS QUE PODEM SER BEM CONVINCENTES E FAZER VOCÊ ACREDITAR EM ALGO. É MAIS OU MENOS COMO QUANDO FOMOS AO CIRCO, ONDE HAVIA UM MÍMICO ATUANDO COMO SE ESTIVESSE DIANTE DE UMA PAREDE INVISÍVEL. SEM DIZER UMA PALAVRA, O MÍMICO ME CONVENCEU A IMAGINAR QUE HAVIA MESMO UMA PAREDE.

INDEPENDENTE

SER CAPAZ DE FAZER COISAS TOTALMENTE SOZINHO.

VOCÊ JÁ QUIS FAZER ALGO SOZINHO POR ESTAR CONFIANTE DE QUE NÃO PRECISAVA DE AJUDA ALGUMA?
EU TAMBÉM! EU ME LEMBRO DE QUANDO APRENDI A AMARRAR OS SAPATOS E FECHAR O ZÍPER DO MEU CASACO. EU NÃO QUERIA AJUDA ALGUMA, POIS SABIA QUE CONSEGUIRIA FAZER! E MESMO ENQUANTO ME ESFORÇAVA, EU TINHA CERTEZA DE PODER FAZER TOTALMENTE SOZINHO. NESSA SITUAÇÃO, EU ERA AUTOSSUFICIENTE!

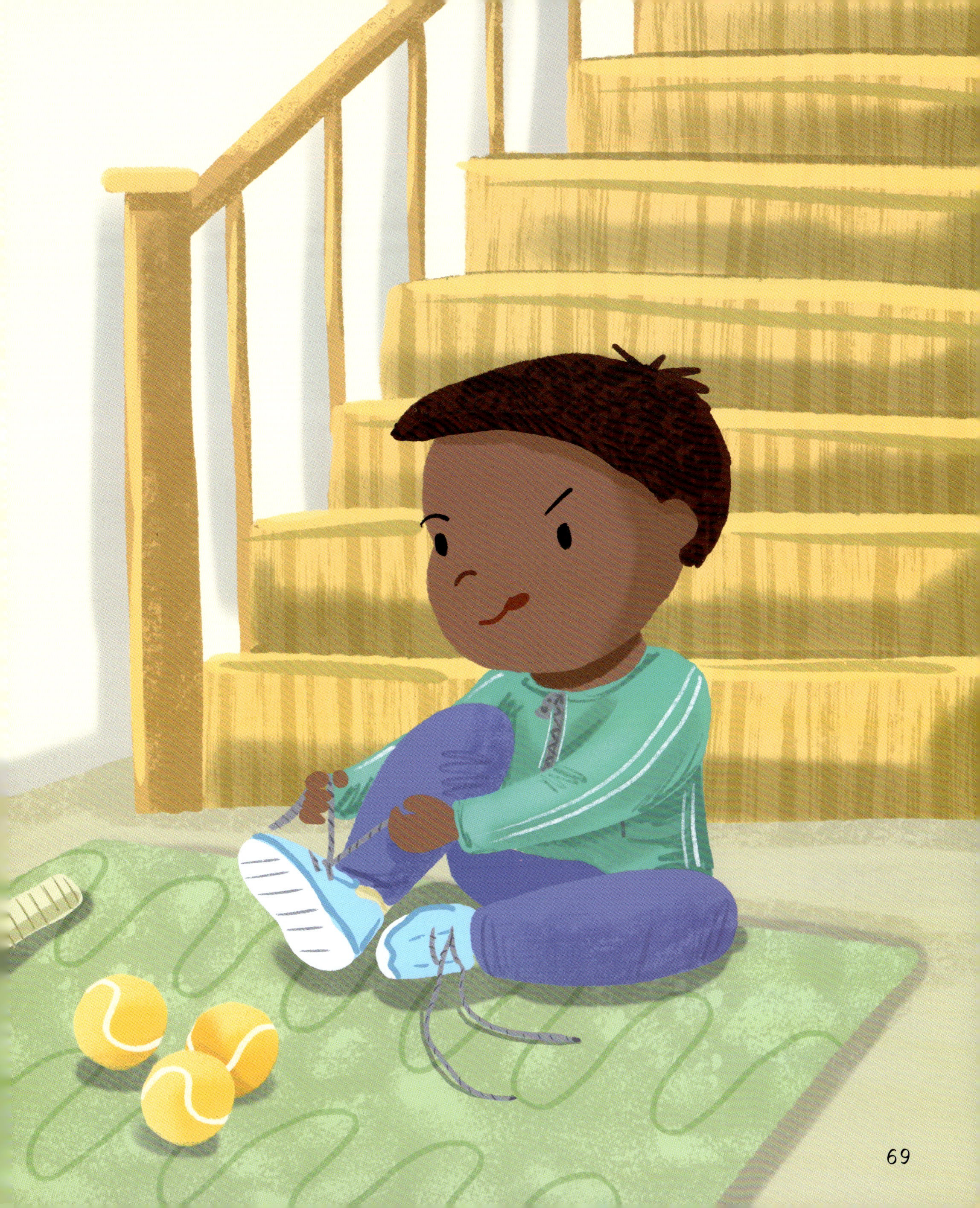

MANDONA

SEMPRE DIZER AOS OUTROS O QUE FAZER.

DIVIDIR O QUARTO COM MINHA IRMÃ É DIFÍCIL ÀS VEZES PORQUE ELA ESTÁ SEMPRE ME DIZENDO O QUE FAZER.

— ARRUME A CAMA, RECOLHA AS SUAS ROUPAS, DESLIGUE A LUZ! ELA ADORA ESGOELAR ORDENS! MINHA IRMÃ PODE SER MAIS NOVA DO QUE EU, MAS É DURONA! VOCÊ CONHECE ALGUMA PESSOA QUE É MANDONA?

SOLIDÁRIA

DEMONSTRAR QUE VOCÊ SE IMPORTA.

IMPORTAR-ME COM MEU PEIXINHO, BOLINHA, É ALGO QUE ADORO FAZER. NÃO SÓ O ALIMENTO TODO DIA, COMO UMA VEZ POR SEMANA EU LIMPO DELICADAMENTE SEU AQUÁRIO. BOLINHA É DIVERTIDO PORQUE, SEMPRE QUE ME VÊ CHEGANDO, ABANA A CAUDA PARA O ALTO, FELIZ POR ME VER. BOLINHA FAZ MEU CORAÇÃO SE SENTIR TÃO CHEIO DE AMOR!

73

EFICIENTE

SER BOM EM FAZER AS COISAS.

ASSAR UM BOLO NÃO É TÃO FÁCIL QUANTO PARECE. VOCÊ TEM QUE SER ORGANIZADO E PLANEJAR ANTES DA HORA! PRIMEIRO, VOCÊ TEM QUE SE CERTIFICAR DE QUE POSSUI TODOS OS INGREDIENTES; DEPOIS, PRECISA PEGAR TODOS OS COPOS MEDIDORES, AS TIGELAS E A FORMA DE BOLO, PREPARANDO-A PARA USAR. ENTÃO ESTÁ NA HORA DE COMEÇAR A ASSAR! MAS NÃO SE ESQUEÇA: O SEGREDO DE FAZER UM BOLO PERFEITO É SEGUIR A RECEITA PASSO A PASSO. EM QUE VOCÊ É EFICIENTE?

75

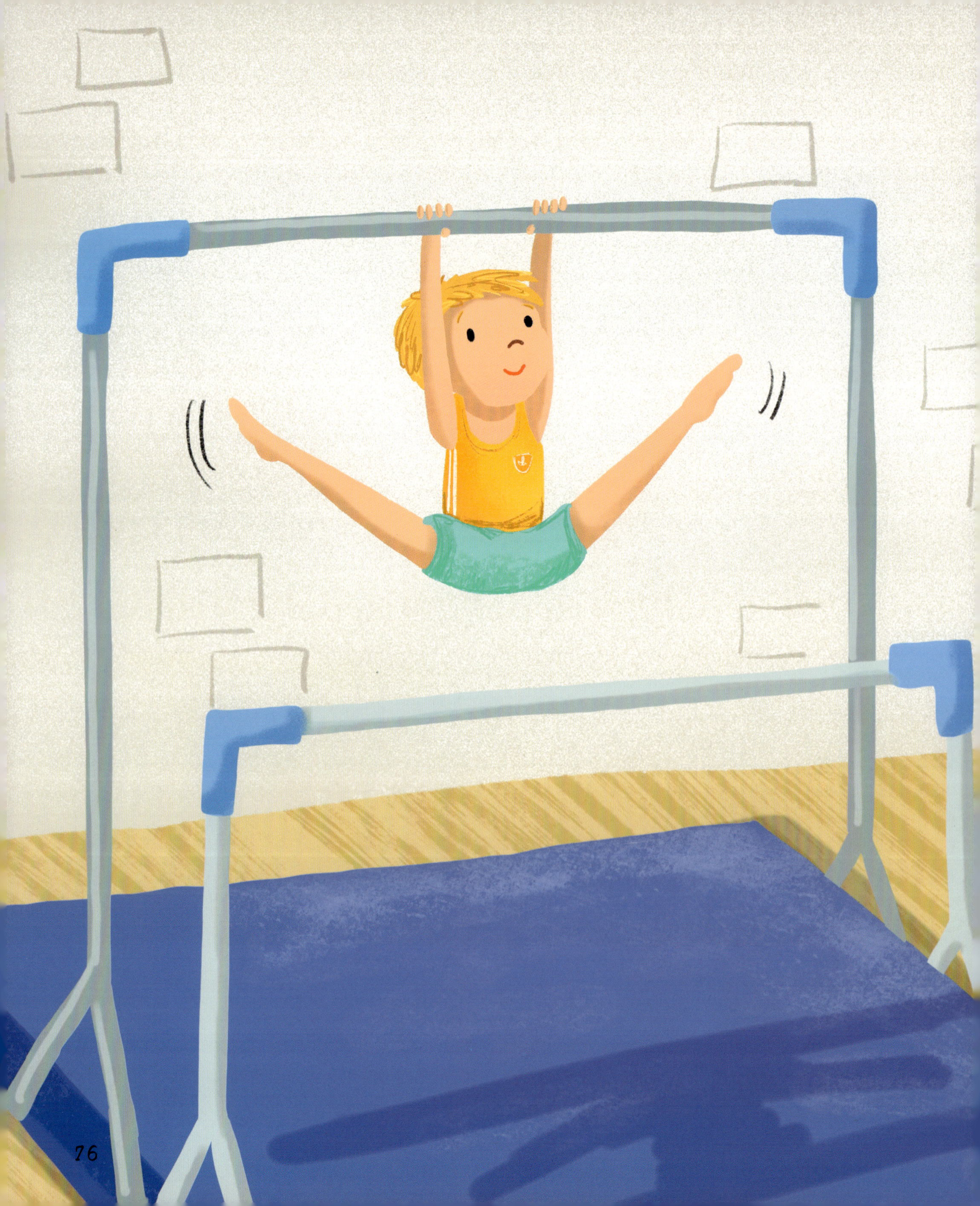

RÍGIDA

TER MÁ VONTADE PARA PENSAR SOB O PONTO DE VISTA DA OUTRA PESSOA.

ESTA SEMANA, NA GINÁSTICA, TRABALHAMOS EM PARES COM O OBJETIVO DE CRIAR UMA ROTINA PARA AS BARRAS ASSIMÉTRICAS. FOI HORRÍVEL! MINHA PARCEIRA SE RECUSOU A ESCUTAR QUALQUER IDEIA MINHA E CONTINUOU ACHANDO QUE SEU JEITO ERA A ÚNICA MANEIRA DE FAZER AS COISAS. FOI MUITO FRUSTRANTE ESTAR PERTO DE ALGUÉM COM A MENTE TÃO FECHADA; QUE NÃO SABE OUVIR UMA OUTRA OPINIÃO.

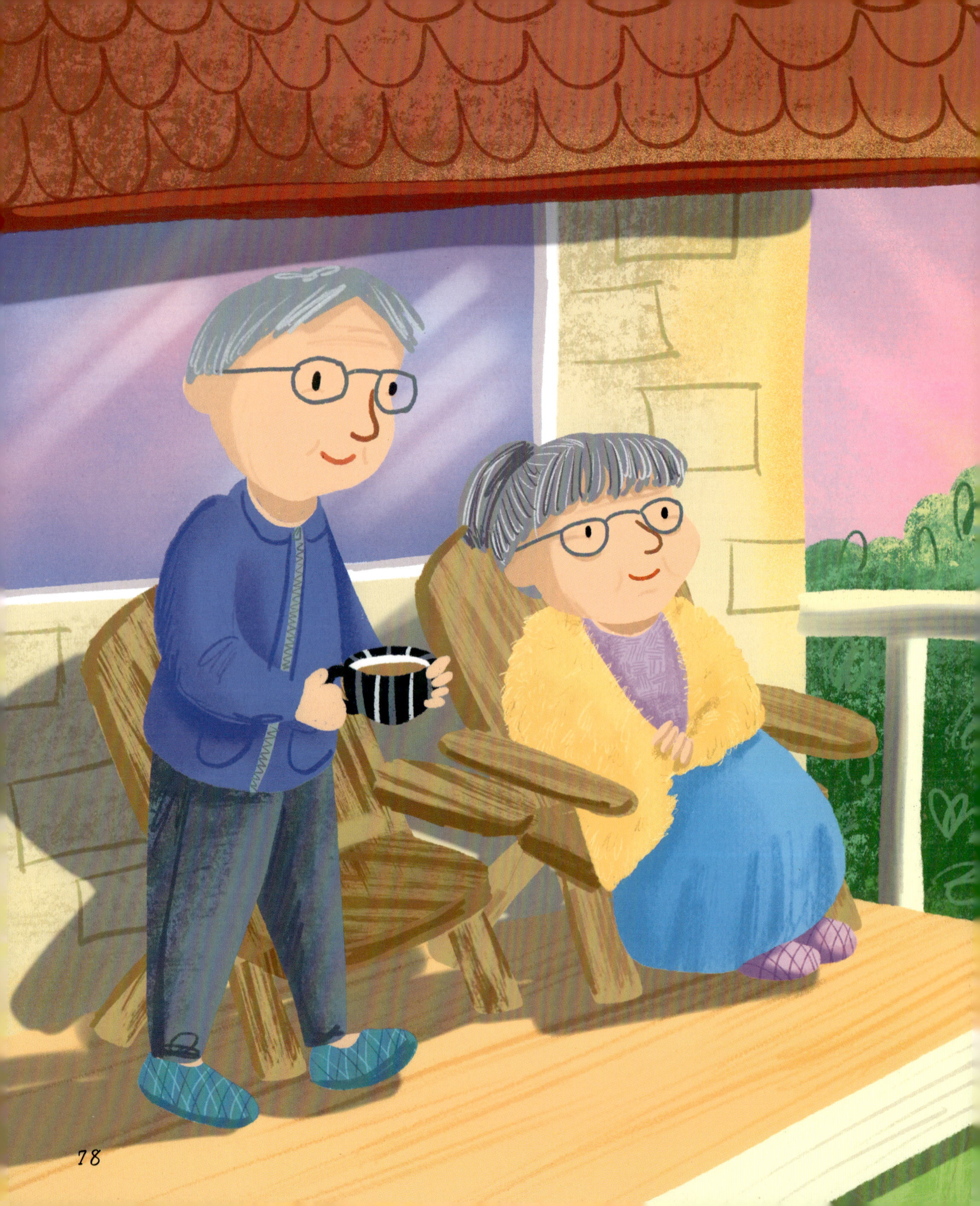

DEDICADO

COMPROMETER-SE COM OS OUTROS.

MEU AVÔ É TÃO AMOROSO E ATENCIOSO! ELE É COMPROMETIDO E CUIDA DA VOVÓ. TODA NOITE APÓS O JANTAR, VOVÔ E VOVÓ GOSTAM DE SENTAR LÁ FORA NA VARANDA. VOVÔ NUNCA SE ESQUECE DE LEVAR UMA XÍCARA DE CHÁ PARA VOVÓ E SUAS PANTUFAS, E ELE ADORA ENVOLVER OS OMBROS DELA EM UM COBERTOR FELPUDO. E VOCÊ, ADMIRA QUEM?

DECIDIDA

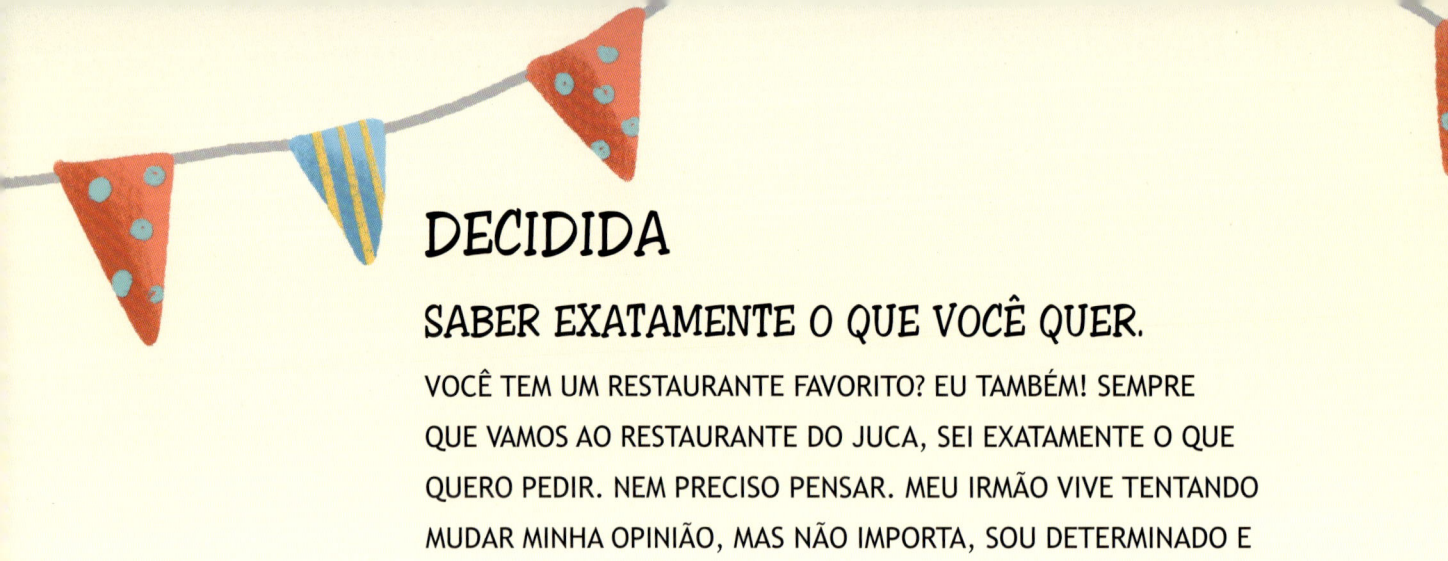

SABER EXATAMENTE O QUE VOCÊ QUER.

VOCÊ TEM UM RESTAURANTE FAVORITO? EU TAMBÉM! SEMPRE QUE VAMOS AO RESTAURANTE DO JUCA, SEI EXATAMENTE O QUE QUERO PEDIR. NEM PRECISO PENSAR. MEU IRMÃO VIVE TENTANDO MUDAR MINHA OPINIÃO, MAS NÃO IMPORTA, SOU DETERMINADO E MANTENHO MINHA DECISÃO!

81

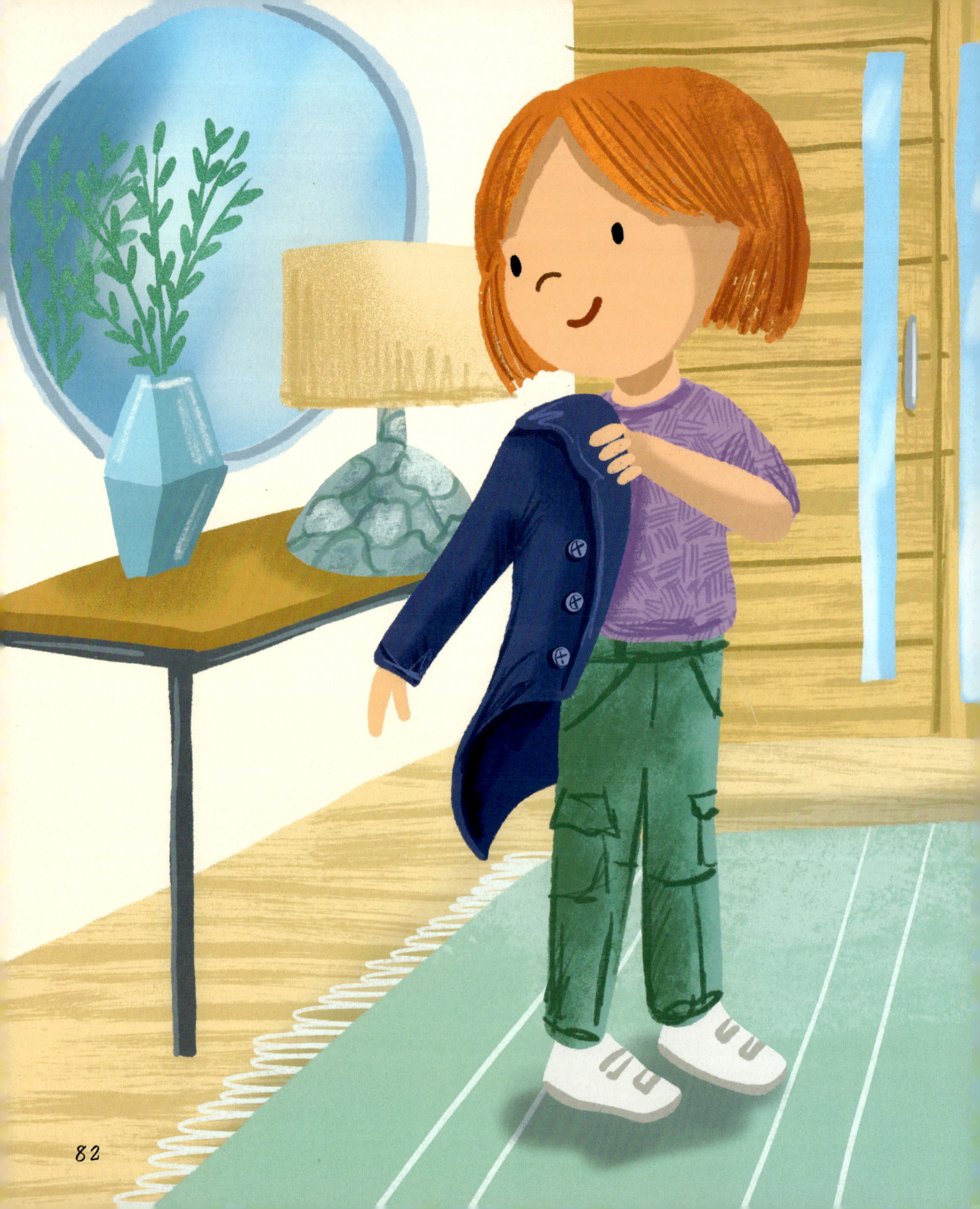

IMPACIENTE

SER INCAPAZ DE ESPERAR E QUERER TUDO AGORA.

EXISTEM ALGUMAS COISAS QUE SÃO MUITO DIFÍCEIS DE ESPERAR. PERGUNTE SÓ AO MEU CACHORRO NICO... SEMPRE QUE ESTÁ NA HORA DE SAIR PARA PASSEAR, NICO COMEÇA A ANDAR PARA FRENTE E PARA TRÁS FAZENDO GRUNHIDOS, COMO SE ISSO FIZESSE EU CALÇAR OS SAPATOS MAGICAMENTE. TENTO SER RÁPIDA, MAS NUNCA É O BASTANTE PARA ELE. E VOCÊ, O QUE O DEIXA IMPACIENTE?

CONFIÁVEL

CONTAR COM ALGUÉM PARA FAZER AS COISAS DO JEITO CERTO.

TODA MANHÃ, NA ESCOLA, POSSO CONTAR QUE VOU VER MINHA PROFESSORA JÚLIA NA PORTA, NOS CUMPRIMENTANDO AO ENTRARMOS NA SALA DE AULA. SEM FALTA, ELA ESTÁ SEMPRE LÁ! A PROFESSORA JÚLIA COMPROMETE-SE A GARANTIR QUE COMECEMOS O NOSSO DIA COM UM AMIGÁVEL CUMPRIMENTO. E VOCÊ, EM QUEM PODE CONFIAR?

85

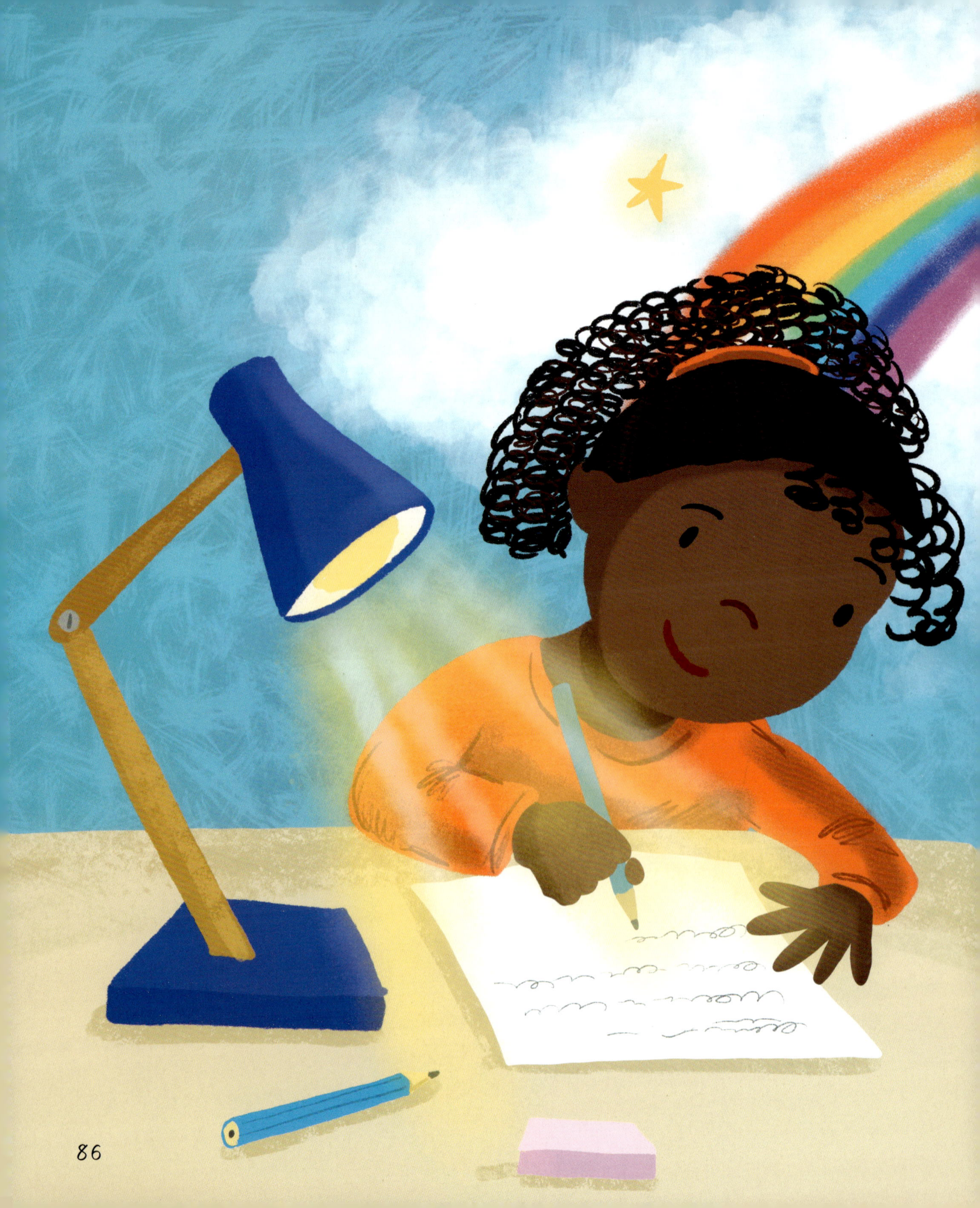

IMAGINATIVA

SER INVENTIVA.

ESCREVER HISTÓRIAS É MEU PASSATEMPO FAVORITO! GOSTO DE SER CAPAZ DE USAR A MINHA IMAGINAÇÃO PARA CRIAR UMA HISTÓRIA FORA DO COMUM E TORNÁ-LA MINHA. NÃO HÁ LIMITES! NA VERDADE, ASSIM QUE COMEÇO A ESCREVER, A HISTÓRIA GANHA VIDA NA MINHA MENTE. EU ATÉ CONSIGO VISUALIZÁ-LA!

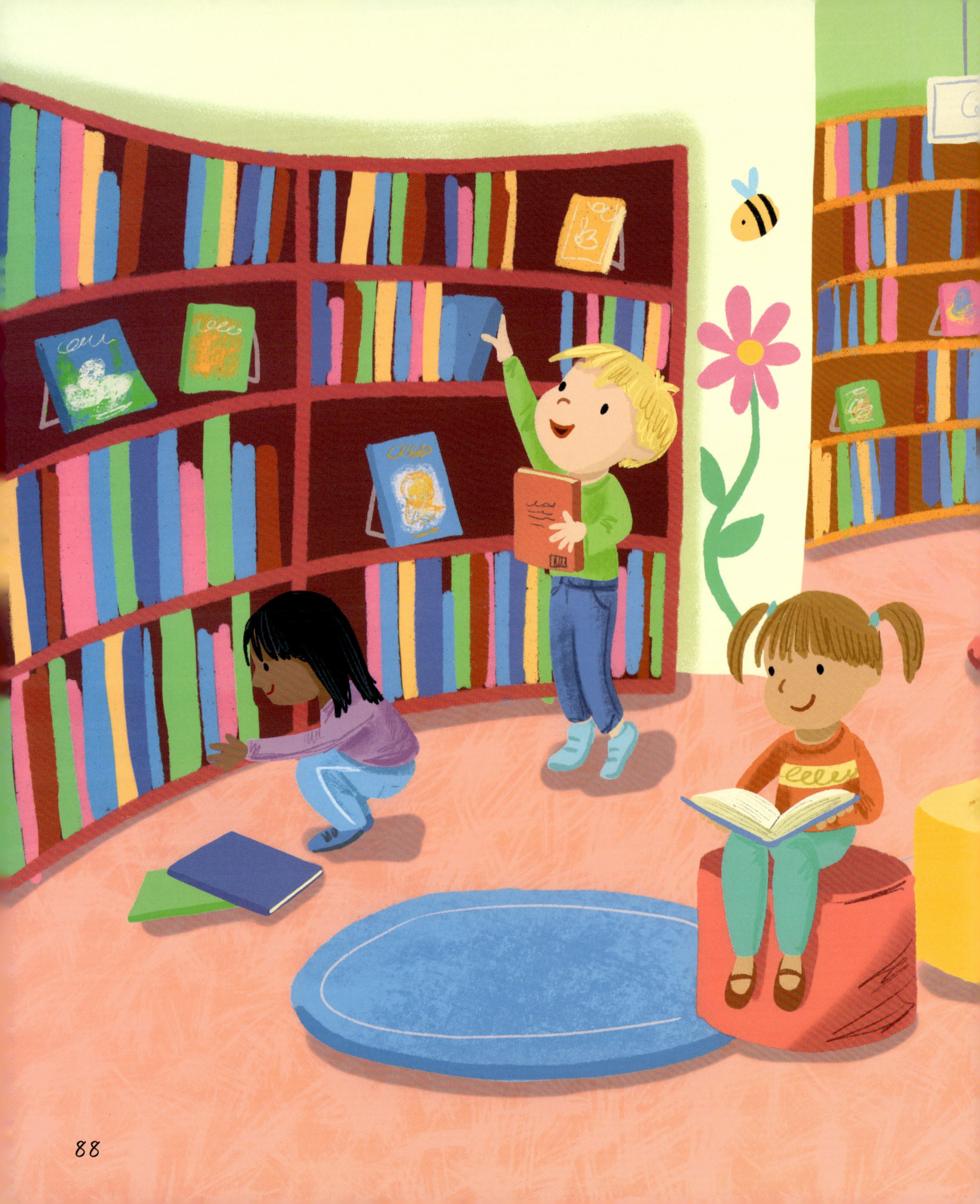

RESPEITOSO

SER ATENCIOSO E PRESTATIVO COM OS OUTROS.

VOCÊ SABIA QUE, PARA ONDE QUER QUE VOCÊ VÁ, EXISTE UM CONJUNTO DIFERENTE DE REGRAS? POR EXEMPLO, NA BIBLIOTECA, EM QUE SE ESPERA QUE NÃO SE FAÇA QUALQUER BARULHO. FICAR QUIETO NÃO APENAS É RESPEITAR AS REGRAS, É SER ATENCIOSO E CORTÊS COM OUTRAS PESSOAS QUE ESTÃO TENTANDO FAZER SEU TRABALHO.

ATIVO

SER CHEIO DE VIGOR E DISPOSIÇÃO.

MEU GATINHO, POMPOM, NUNCA FICA PARADO. ELE É TÃO SAPECA E BRINCALHÃO! ELE ESTÁ SEMPRE SALTITANDO DE UM LADO PARA O OUTRO. A BRINCADEIRA FAVORITA DELE É TENTAR PEGAR UM RATINHO NA PONTA DE UMA CORDA. QUANDO POMPOM PULA NO AR DE REPENTE E O AGARRA, EU SEI QUE ELE VAI GANHAR O JOGO. VOCÊ TEM UM ANIMAL DE ESTIMAÇÃO TÃO SAPECA, ATIVO E BRINCALHÃO COMO O POMPOM?

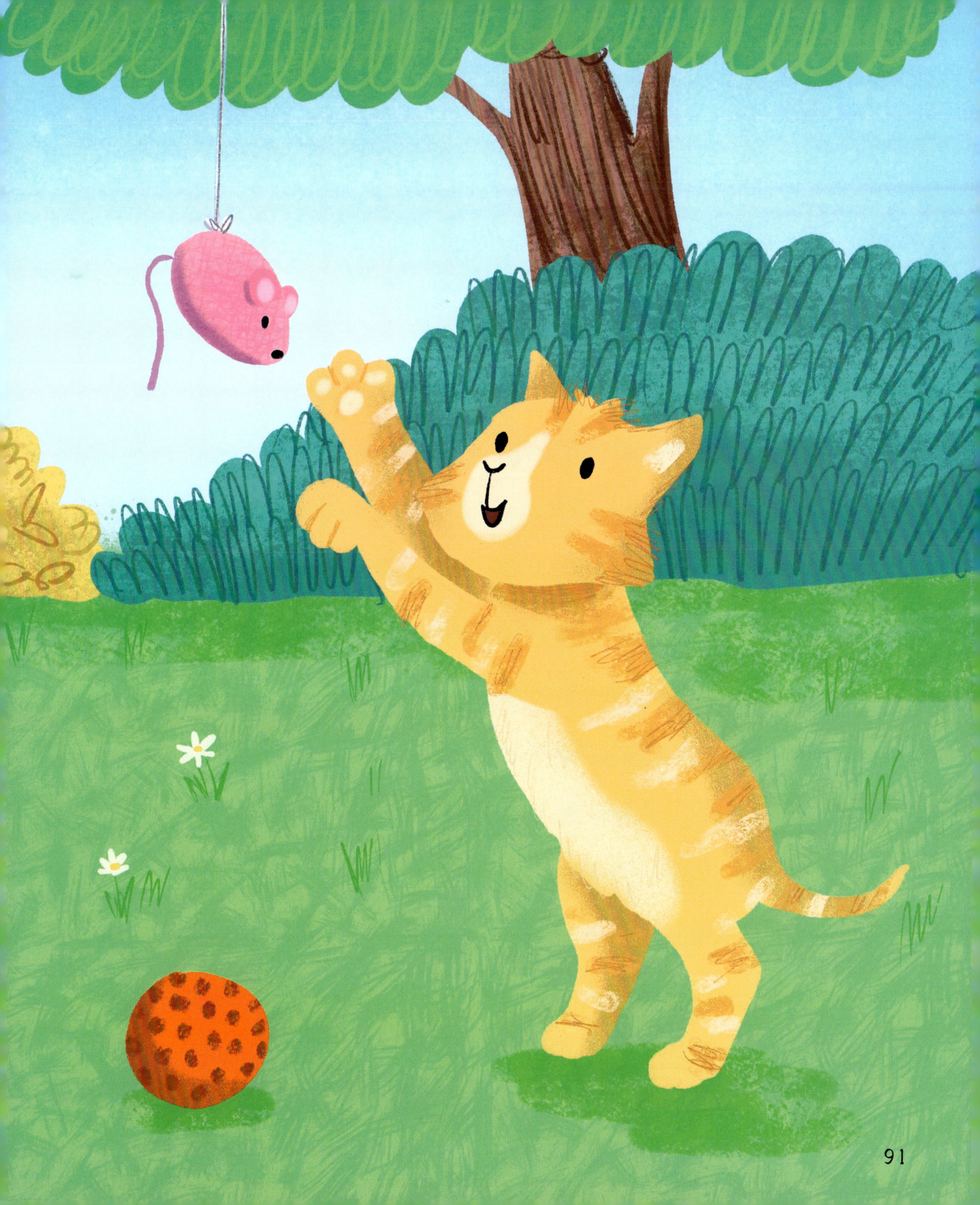

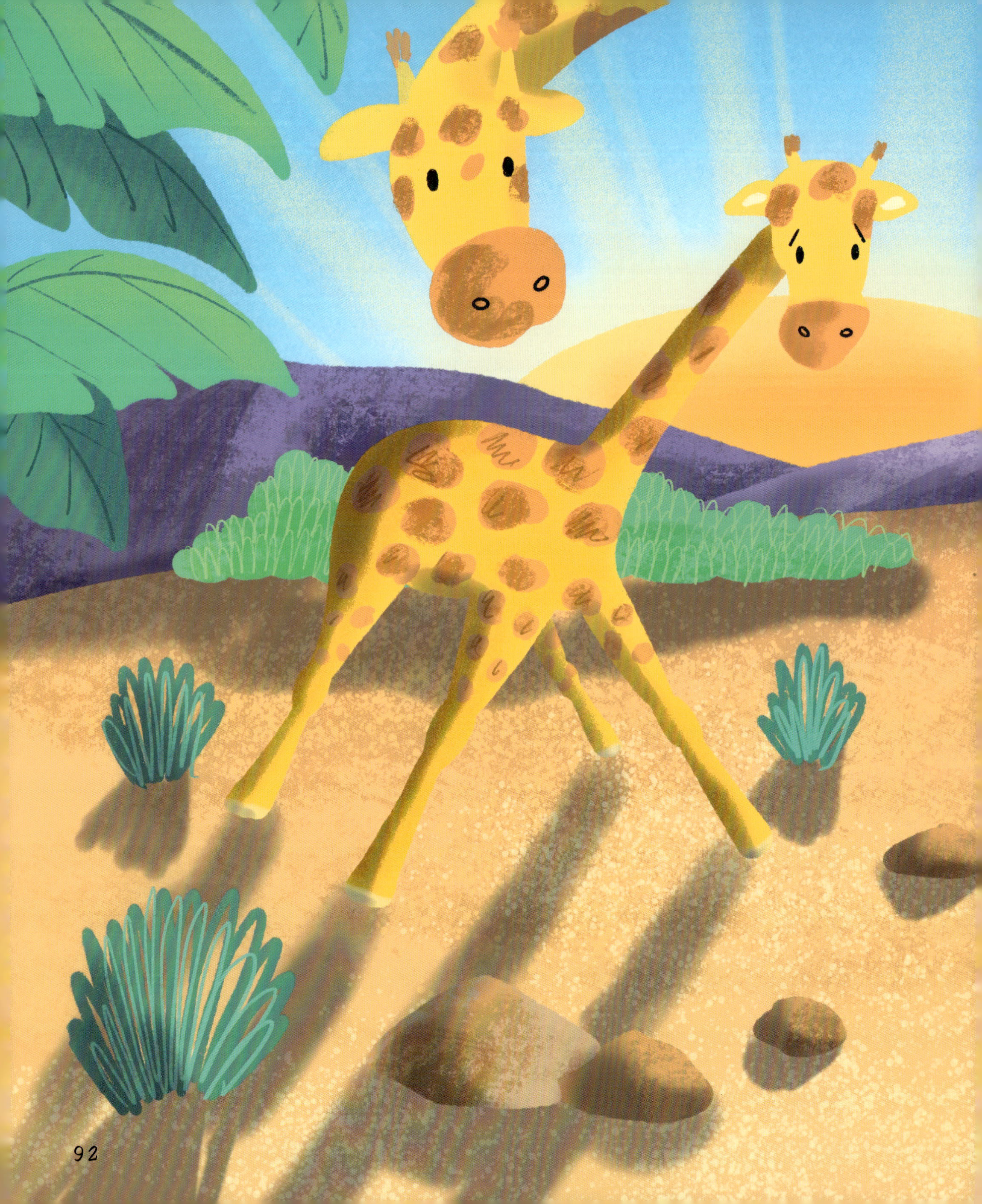

DESAJEITADO

TROPEÇAR POR AÍ.

NÃO HÁ NADA MAIS ESQUISITO DO QUE UM FILHOTE DE GIRAFA TENTANDO SE COORDENAR PARA ANDAR SEM TROPEÇAR. COM SUAS LONGAS PERNAS DESENGONÇADAS, ELE VAI TROMBANDO ATÉ QUE, POR FIM, CONSEGUE ACERTAR O PASSO. É QUASE COMO SE ELE TIVESSE QUATRO PÉS ESQUERDOS!

94

TÍMIDA

SER ENVERGONHADA E RETRAÍDA.

HOJE, QUANDO FUI À MINHA PRIMEIRA AULA DE DANÇA, EU ESTAVA UM POUCO ASSUSTADA. TÍMIDA, ME ESCONDI ATRÁS DA PORTA, ACHANDO QUE MEUS JOELHOS IRIAM FALHAR, ENVERGONHADA DEMAIS PARA ENTRAR. LEVOU ALGUM TEMPO PARA EU REUNIR CORAGEM E ENTRAR NA SALA, MAS, ASSIM QUE CONSEGUI, ADOREI!

©TODOLIVRO LTDA.

Rodovia Jorge Lacerda, 5086
Gaspar - SC | CEP 89115-100

Copyright: © Gemser Publications, S.L.

Texto:
Jennifer Moore-Mallinos

Ilustração:
Julia Seal

Todos os direitos reservados

Direitos exclusivos da edição em Língua
Portuguesa adquiridos por © 2022 Todolivro
Distribuidora Ltda.

Tradução e adaptação:
Ruth Marschalek

Revisão:
Tamara B. G. Altenburg

IMPRESSO NA CHINA
www.todolivro.com.br

Moore-Mallinos, Jennifer
Traços de personalidade / Jennifer Moore-Mallinos;
[Ilustração: Julia Seal; Tradução: Ruth Marschalek.]
Gaspar, SC: Todolivro, 2022.

Título original: Character traits

ISBN 978-65-5617-986-5

1. Comportamento humano - Literatura
infantojuvenil I. Seal, Julia. II. Título.

22-139877   CDD-028.5

Índices para catálogo sistemático:

1. Literatura infantil 028.5
2. Literatura infantojuvenil 028.5

Inajara Pires de Souza - Bibliotecária - CRB PR-001652/O